ヨベル新書
085

焚き火を囲んで聴く神の物語・説教篇〈7〉

# 神さまの宝もの

## 申命記 中

大頭眞一

YOBEL,Inc.

宮澤一幸兄に

# 大頭眞一牧師に「贈る言葉」

登戸学寮長、北海道大学名誉教授　千葉　惠

大頭眞一牧師の全八巻におよぶ説教集が公刊されますこと心よりお祝い申し上げます。牧師が心を注ぎだしつつ日曜ごとに語られた福音とその聴衆などの方々の献身によります音声の文字化を通じての共同作業における感動の共有、これはわが国の現状のなかで大きな証と存じます。説教を拝聴したことがない身でおこがましいのですが、個人的な評ではなく「贈る言葉」をということでしたので、一般的な言葉で船出を祝したいと存じます。

説教はギリシア・ローマ世界では説得をこととする「弁論術（Rhetoric）」に属します。政治家や弁論家は聴衆の「パトス（感情）」に訴えまた「ロゴス（理論）」により訴えそして、「人格」に訴えつつ、自らが最も正しいと理解することがらを市民に説得する、その技術が弁論術です。例えば、戦争に駆り出そうとするさいには、パトスに訴え「家々は焼かれ財産は略

奪され、婦女子は……」という仕方で恐怖などを呼び起こして参戦を促しました。
　大頭牧師は説教によりイエス・キリストを宣教しておられます。キリストが罪を赦す権威をもった方であり、人類に救いをもたらす方であることを聴衆に語り掛け、説得します。福音の宣教は通常の弁論術とは異なります。例えばペリクレスの場合は彼の「人格」の故に、民衆はペリクレスが言うのだからという彼の人格への信頼のもとに彼の政策を受け入れました。しかし、福音の宣教においては、ただイエス・キリストの「人格」が屹立しています。彼においてこそ、他の人類の歴史においては一度も実現できなかった正義と憐れみの両立が出来事となりました。この救い主を高らかに宣教すること、ただそれだけで、キリストの弟子でありうることただそれだけで、大頭牧師は無上の光栄ある務めであり、希望であり喜びであると日曜ごとに立ち返っておられたことでありましょう。キリストを語ること、それだけで人類が持ちうる最大の説得が遂行されていることでありましょう。

２０１９年10月10日

神さまの宝もの　申命記・中

# 目次

# 美しく与え合うために

聖書　申命記5章21節

21 あなたの隣人の妻を欲してはならない。あなたの隣人の家、畑、男奴隷、女奴隷、牛、ろば、すべてのあなたの隣人のものを欲しがってはならない。

7月の第二主日の礼拝に、ようこそいらっしゃいました。十誡（『栄光への脱出——出エジプト記』、94頁参照）を毎週一つずつ読み進んできて、今日は最後の十番目になりました。三か月近く十誡に一つ一つ聞いてきたことになります。最後は21節です。

あなたの隣人の妻を欲してはならない。あなたの隣人の家、畑、男奴隷、女奴隷、牛、ろば、すべてのあなたの隣人のものを欲しがってはならない。（5・21）

今までは「殺してはならない」とか、とっても重要なことが語られてきたのに、最後になって「えっ？　欲しがってはならないって、ただそれだけか」と、ちょっと気が抜けるような感じがするかもしれません。最後の戒めというからにはとても大切なことが書いてあるのだろうと思っていると、非常に気が抜けるような、何とも小粒な戒めだなという印象を受けるかもしれない。色々と具体的な罪について語った後で、最後にまるで付け足しのようにちょっと心の問題に触れている、そんなふうに思えるかもしれません。しかし実はこの第十誡こそが、十誡全体の締めくくりにふさわしい大切な言葉であるということを、今日知っていただきたいと思うのです。いつも申し上げることですけれども、十誡の「誡」にあたる原語は戒めという意味じゃなくて、本来は「言葉」という意味です。戒めとか決まりとか規則とか、そういう言葉じゃないんですよね。言葉なんです。神さまの言葉なんです。何のための言葉かというと、救われた私たちが、神さまと共に美しく生きるための十の言葉。その締めくくりがこの第十誡です。

今「美しく生きる」と申し上げましたが、あまり聞かない言い回しかもしれません。皆さん、美しく生きるってどういうことだと思われるでしょうか。美しい生き方ってどういうことなんだろうか。スマートな生き方をすることだろうか。悩みや苦しみのない生き方なんだろうか。あるいは「あの人いいな、あの人の人生いいな」って人にうらやまれる、それが美しい生き方でしょうか。そういうときに、やっぱりイエスさまのことを考えるといいと思うんですよね。

一番美しい生き方をしたのは誰だろうか。それは間違いなくイエスさまです。じゃあイエスさまの生き方というのはスマートだったか。悩みや苦しみと関係なかったか。人がうらやむような生き方であったか。そうじゃなかったと思うのです。イエスさまはご自分から進んでこの世界に来てくださいました。イエスさまが来てくださった世界は、美しくない世界です。私たちが互いに苛立ち、苦しめあっている、そういう世界にイエスさまは来てくださった。この世界を回復するために、ご自分を与えるために、私たちを愛するために、そして十字架にかかるために来てくださいました。

イエスさまのような美しい生き方とは何か。それは愛する生き方です。苦労があるとかないとかじゃなくて、その中において私たちが愛する生き方をすることができるならば、私たちは美しく生きることができたということになります。十誡は美しく生きるための十の言葉、つまり愛し合って生きるための十の言葉です。

今日の十番目の第十誡は、愛し合って生きるためにとても大切な言葉です。なぜなら第一誡から第九誡まで、これまでの九つの戒めは、すべて愛し合うことに関わることです。では私たちが愛し合う、美しい生き方を妨げているものは何か。それを明らかにするのがこの十番目、第十誡です。「欲しがってはならない」。口語訳では「むさぼってはならない」。むさぼるというのは、限度を越えて欲しがるということです。この最後の第十の言葉は、限度を超えて欲しがることを警戒し、それを避けるために心を砕くようにと言っています。実は、限度を超えて欲しがらないよう気をつけるということに、十誡の全部がかかっています。つまり律法の全体がかかっているのです。

十誡は最初の四つと、後の六つに分けることができます。

最初の四つは神さまとの愛に関わることですね。「ほかの神があってはならない」。「偶像を造ってはならない。それらを拝んではならない」。「主の名をみだりに口にしてはならない」。「安息日を守って、これを聖なるものとせよ」という四つの戒め。これらはみんな、神さまを愛する愛し方を教えています。神さまを自分の都合のために利用するんじゃなくて、神さまに愛されていることを知って、神さまの胸の中で生きる喜びを教えています。役に立つから愛するんじゃない。私たちを愛して、私たちのために何も惜しまない神さま。御子をさえ与えてくださる神さま。その愛ゆえに、私たちは喜んで神さまを愛する。しかし神さまに対する私たちの愛を妨げるものがある。創世記の3章によれば、それはむさぼり。つまり限度を超えて欲しがること。

創世記の3章（「蛇の誘惑とエデンの園からの追放」）で、人はむさぼったのです。何をそんなに欲しがったのか。人間はエデンの園という完全な世界に置かれていました。すべてが満たされている世界。限度を超えて欲しがるものなど何もない、むさぼるものなど何もないように思われたんだけれど、たった一つだけあったんですよ。それは「神になりたい」ということ。エデンの園で私たちはすべてを持っていた、すべてを与えられていたけれども、ただ一つ、神ではなかった。だから神になって、神に取って代わろうとした。神さまなしに生きようとした。何をむさぼったのか。神をむさぼった。神になることをむさぼった。限度を超えて神になって、神なしで生きようとした。

なぜ神なしに生きようとしたのか。それはそんなに大それたことではなかったかもしれません。こんなふうに思ったんじゃないか。「どうして私たちはいつもいつも神さまのことを考えていなければならないんだろう。もう何だかちょっと嫌な気がしてきた。神さまは何でも知っていてくださるけれども、何だかそれもちょっとうっとうしくなってきた。だって何でも知ってるんだもん。本当は神さまに知られたくないこともあるけれども、それでも知っている。また夕方になると、神さまは我々に会いにやって来る。散歩しようと言ってやって来る。そしたら付き合わないといけない。いつも嫌なわけじゃないんだけれども、ちょうど何かの実を取ろうとしている時に来るかもしれない。いつもいつも、毎日毎日というのはちょっと気が重い時がある。いつも嫌なわけじゃないけれども、そういうちょっとした引っかかりから自由になりたい。いつもとは言わないけれども、時には神さまのことを考えないで生活したい」。そう思ったのかもしれません。つまり、神さまの愛を喜ぶことを惜しんだ。神さまと過ごす時を惜しんだということ。心を込めて神さまに語りかけるために自分の心を用いるということを惜しんだ。むさぼったというのは強い言い方かもしれないけれども、本質は同じですね。惜しんだのです。自分の心を、自分の時間を、あるいは自分のよくない心を神さまに差し出すことを惜しんだのです。

そもそも神のようになるということについて、彼らは大きな勘違いをしていました。彼らは神さまのようになったら、自分の好きなように生きることができるんだと、何となくそう思っていました。でも神さまはどのようなお方でしょうか。神さまは愛するために全ての被造物を造り、その被造物が愛を分かるように養い育てる。どこまでも愛する。それは気楽なことではないですよね。ほんとうに苦労の多い、大変なことです。そして人が神に背くならば、その罪のためにご自分を与えるのです。それが神さまというお方です。人を救うためには、文字通り、どんなことでもなさるお方。御子を十字架につけるお方。神さまのようになるということは、そんな「与える生き方」をするということなのに、彼らはそんなことは全く分かってなかった。そして心を惜しんだのです。

神さまは人を、ご自身の似像《かたち》として創造されました。ご自分の似像として、似せて創造した。ご自分のように愛する者として、与えることができる存在として、私たちを造ってくださった。神の似像というのはそういうことですよね。尊いことです。じゃあどのように生きるときが、最も神さまのかたちに似た、私たちらしい生き方でしょうか。それは私たちが神さまの胸の中にいる時です。神さまの胸の中にいる時、私たちは一番幸せに生きることができる。神さまの胸の中で互いに与え合う時、私たちは一番幸せを感じることができる。だけど神さまの胸の中から飛び出してしまうならば、私たちは神の似像を失って、神とは似ても似つかない生き方をすることになってしまいます。アダムとエバだけではありません。神さまの胸の中から飛び出すならば、私たちは愛に生きることができない。美しく生きることができないのです。

創世記の最初は、十誡でいうならば第一誡から第四誡に言われている神さまとの愛の関係の破れを描いています。だけど神さまとの愛の関係が破れた時に、それはそこで止まらない。私はよく三つの破れと言いますけど、神さまとの愛が破れると、他の人との愛が破れる、そして被造物との間の愛が破れる。「被造物との間の愛」というとおかしいようですけれども、人はすべてのものを愛をもってお世話するために造られました。その役目を忘れてしまう時に、この世界がおかしくなってしまうのです。まさに十誡の第五誡から第九誡までが物語っているのは他の人との愛の破れであり、被造物との愛の破れです。「そんなこと言ったって、それはアダムとエバのせいじゃないか。私たちが生まれてきたときにはすでに愛が破れた世界だったんだ。私たちに一体どうしろと言うんだ」。そんなことを言いたくなりますけれども、私たちにはすることがある。私たちは神さまの愛の中、胸の中にいて、世界の愛の破れを繕うために、今ここに生きている。イエスさまのなさったように、自分の身をもって、世界の破れを繕うために遣わされています。もちろん自分がしてしまったことに対して「ごめんなさい」って言う。だけど、イエスさまの生きた美しい生き方というのは自分の責任で起こってしまったことだけじゃなく、たとえ自分のせいじゃなくても愛が破れ、世界が破れているところに目を向け、そのためにとりなす生き方。そのために自分を与えるという生き方。

そんな生き方に、私たちは召されているのです。

それはあまりに程度が高すぎると思うかもしれません。私は自分のことで精一杯でとても人のことなんか考える余裕がない、そう思うかもしれません。でも私たちは神の似像《かたち》に造られている。そして神さまは私たちに御霊を注いで、励ましてくださる。イエスさまに似た生き方をすることができるように助けてくださる。だから私たちは身近な人たちとの愛の破れがある時に、そこに和解をもたらすことができます。どちらかと言えば相手が悪いと思うときであっても、私たちは神さまの助けによって手を差し伸べることができるのです。

しかしアダムとエバは神さまとの愛の破れの責任を互いに押し付け始めました。アダムはエバのせいだと言う。エバは蛇のせいだと言う。こうやって世界の破れはますます広がっていきました。

創世記の4章になると、その破れは止めどなく広がっています。アダムとエバの息子たち、カインとアベルの間に悲劇が起こりました。彼らは兄弟です。互いに助け合って共に生きるために、愛し合って生きるために生まれてきたのに、互いに奪い合ってしまいました。神さまから承認される、認められる、褒められるということを奪い合って兄が妬み、怒り、ついに愛すべき弟の命を奪ってしまったのです。神さまをむさぼって生きる生き方は、互いをむさぼり合う生き方につながっています。本当は神さまの承認とか祝福って、奪い合うようなものではありません。神さまの祝福は無限にあります。神さまの胸の中に生きるなら、そこには無限の祝福、無限の喜びがあるわけだから、誰かの喜びが増えた分だけ自分の喜びが減るなんてことはないわけです。むしろ誰かの喜びが増えるなら、それを見る自分の喜びも増えるのです。でもそれは神さまの胸の中にいる時に起こること。私たちが神さま抜きで生きようとするならば、クリスチャンであっても「今日は神さまなしに生きよう、今は腹が立ってるから神さまなしに生きよう」とするならば、喜びは無限じゃなくなります。限りあるものになってしまう。そうすると今あるこの喜びを奪い合うことになってしまうのです。

雨が豊かに降り注いでいる時に、水を奪い合う者はいません。でも空から降ってくる雨を、どうやってか知りませんけれどシャットアウトして、今ここにある水以外、世界に水はないんだということにしたら、それを奪い合うことになるでしょう。神の川は水で満ちています。源である神さまから喜びと祝福が無限に注がれているのに、それに目をふさいで「今ここにある喜びしかない。誰かが、あの人が喜んだら私は悲しい」と取り合うしかないような、愚かな生き方をしてはいけません。ですから十誡は神さまに目を向けさせようとするのです。「あなたたちは神さまの胸の中にいる。そのことを決して忘れるな。忘れないでいるなら、あなたがたは互いに与え合うことができる。美しく生きることができる。神の胸の中で、神の無限の祝福を互いに豊かに注ぎ合って、与えあって、譲り合って、それでも祝福は無限に注がれていく。汲めば汲むほど、ますます湧き出してくる。その喜びの中を生きることができる」と、十誡は教えています。

雨が豊かに降る時に、水を奪い合う者はいないと申しました。ルカの福音書12章。

小さな群れよ、恐れることはありません。あなたがたの父は、喜んであなたがたに御国を与えてくださるのです。自分の財産を売って持ち物を売って、施しをしなさい。

（ルカ12・32〜33a）

「恐れるな。自分の小さな祝福を握りしめて、奪われないかと恐れる必要はない。恐れるな。手を開いて与えたらいい。天の父は、それがあなたがたにも必要であることを知っておられる。あなたがたが神さまから与えられる祝福を、他の人に分け与えるならば、あなたにもその祝福が必要なことをご存じの神さまは、何倍にもそれを注いでくださる。だから恐れるな。」

最近、香港で大規模な衝突がありました。中国政府が犯罪者だといっている者を引き渡すという条例を香港政府が可決しようとして、人々が反発したわけです。そんなことしたら中国政府の思いのままに犯罪者がでっち上げられて、中国本土に連れて行かれることになる。大変大きな反対運動で、多くの逮捕者や負傷者が出ました。こういうことを見る時に、人々を駆り立てているのはなんだろうかと考えます。答えは不安と恐れです。不安と恐れが香港の人々を駆り立てている。一方、中国の権力者たちがどうしてこのような弾圧をするのか。それは、彼らもまた恐れと不安に支配されているからです。自分たちが転覆させられないか。立場が逆になって自分たちが捕まえられないか。そうならないために反対する人々を弾圧する。弾圧される側はそれを阻止するために、デモや色々なことをするわけです。もちろん、公平なことがなされ世界がこれ以上酷い場所にならないように、実際に政治的な活動をするということも必要だと思います。でも片手をそういうことに用いるとしても、私たちのもう一方の手は神さまを握っていなければならないと思います。人を解き放つのは、不安や恐れから本当に人を解き放つのは、神さまだけだからです。いかに法令を整備しても、いかに人権を守るための運動を起こしたとしても、本当に人が美しく生きることができるのは、人間の作った法律にはよらない。人間が作った軍隊にもよらない。神さまだけが恐れと不安を取り除いて、私たちが美しく生きられるようにするのです。

小さな群れよ、恐れることはありません。あなたがたの父は、喜んであなたがたに御国を与えてくださるのです。（ルカ12・32）

つまり、「わたしを信頼しなさい。あなたがたはわたしの胸の中で安心していたらいい。胸の中で安心して手を開くことができる。握りしめているものを、手を開いて与えることができる。それはただお金のことだけじゃない。そうじゃなくて、あなた自身を与えることができる。あなた自身を、世界の破れを繕うために差し出すことができる。そういうあなたを通して、わたしは世界を回復する」とおっしゃっているのです。不思議なことでもあります。神さま、どうして私なんですか。どうしてこの小さな群れなんですか。どうしてこんなに力のない、自分自身でも扱いかねるようなこの私を通して、あなたは世界を変えようとなさるのですか。私もそう思います。

昨日は一年12回で聖書を読む会に三人の方が来られました。様々なことを語り合いました。けれども、ヨハネの黙示録の21章をお開きしました。

また私は、新しい天と新しい地を見た。以前の天と以前の地は過ぎ去り、もはや海もない。（黙示録21・1）

大地震がある。大きな水害がある。「神さまがいるんだったら、どうしてこんなことが起こるんですか。神さまはどうして止めないんですか。そういう時に、神さまは何をしてるんですか」といつも未信者の方々は私にお尋ねになります。本当にそうですね。分かりません。でも分かっていることもあります。それは世界に破れがあるということ。神との愛の破れ。人との愛の破れ。被造物との愛の破れ。大地震、集中豪雨、そういったこともつまるところは被造物との間の愛の破れが原因です。そういう自然の猛威を前にして私たちは「神さま、一体あなたは何をしようとしているのですか。どうしようとされているのですか。手をこまねいておられるのですか。何もする気がないんじゃないですか」と、そんなふうに思ったりもします。でも神さまは手をこまねいておられるんじゃないんです。今も世界を回復させるために働いておられます。

天地創造の時、神さまは「非常によい」世界を造られました。むさぼり合うのではなく、与え合う世界。愛し合う世界。美しい世界。そういう世界を、神さまは造られました。でも今はその世界に三つの破れができています。私たちはそんな世界に生きているのだけれども、でも、神さまは諦めておられません。新しい天と新しい地を回復するために、今も働いておられます。痛みも、苦しみも、死もない世界。涙もない世界を回復しようと、神さまは今も働いておられます。神さまが目指しておられるところは、愛し合う世界。そのために神さまが用いられる手段もやはり、愛し合うということ。愛し合うことを通して、世界を回復しようとされているのです。本当に不思議なことだけれども、この小さな群れである私たちが愛し合うことの延長線上に、大震災や集中豪雨からの回復がある。そういうもののない世界への回復や癒しが、私たちが愛し合うということの延長線上にあるのです。本当に不思議なことです。愛などという目に見えない、頼りなく思えるようなものの先に、全宇宙の回復がつながっているというのは、よく分からないです。でも愛は決して目に見えない、頼りないものではありません。愛は目に見えた。イエス・キリストの十字架において、愛は目に見えたのです。十字架という歴史の一点で、神さまの愛は目に見えるかたちをとった。十字架とは歴史の中心にある出来事です。そこから世界の回復が進み始めたし、今も進んでいる。それはなんと、私たちを通して。神さまの胸の中で生きる私たちを日々造り変えることに

よって、今も世界の回復の御業が進んでいます。だから、

小さな群れよ、恐れることはありません。あなたがたの父は、喜んであなたがたに御国を与えてくださるのです。（ルカ12・32）

天変地異のただ中にあっても、慌ててはならない。恐れてはならない。不安に駆られて握りしめた手を開くことを忘れてはならない。誰かに責められる時も、自分を守るために相手を攻撃する必要はない。どんな時でも慌てないで、神さまの御業を期待して待ったらいいんです。恐れるな。神の国は私たちのただ中にあって、今も前進している。そのことを知るならば、私たちは愛し合うことができます。大震災も集中豪雨も今すぐにはなくならないし、私たちの抱えているいろいろな苦しみや問題も、今すぐになくならない。けれども、神さまの解決は今も進んでいるから、待ったらいいのです。待ちながら、待っている間どういうふうに生きるのか。愛し合って生きる。美しく、与え合って生きる。神さまの胸の中で。そのように生きることが、もう今ここで私たちには可能とされているのです。

# 聞け、イスラエル

聖書　申命記6章4〜9節

4 聞け、イスラエルよ。主は私たちの神。主は唯一である。5 あなたは心を尽くし、いの
ちを尽くし、力を尽くして、あなたの神、主を愛しなさい。6 私が今日あなたに命じるこ
れらのことばを心にとどめなさい。7 これをあなたの子どもたちによく教え込みなさい。あ
なたが家で座っているときも道を歩くときも、寝るときも起きるときも、これを彼らに語
りなさい。8 これをしるしとして自分の手に結び付け、記章として額の上に置きなさい。9
これをあなたの家の戸口の柱と門に書き記しなさい。

7月第三主日の礼拝に、ようこそいらっしゃいました。明野キリスト教会では去年の4月に創世記の1章から始めて、ずっとここまで聖書を順に読み進めてまいりました。もち

ろん全部を読んできたわけではなくて、ところどころを読んできたわけですけれども。今日は申命記の6章ですね。おそらく私がこの教会の礼拝で一番よく開いている旧約聖書の箇所ではないかと思うのです。特に4節と5節ですね。「聞け、イスラエル。」ヘブル語で「聞け」というのは「シェマ」なので「シェマ、イスラエル」。

聞け、イスラエルよ。主は私たちの神。主は唯一である。あなたは心を尽くし、いのちを尽くし、力を尽くして、あなたの神、主を愛しなさい。(6・4〜5)

ユダヤ人たちは、このみことばをとても大切にしています。一枚目の写真は「メズーザー(Mezuzah)」(次頁写真上)というもので、上下に穴が開いていて釘で打てるようになっています。よく戸口や門、部屋の入り口みたいなところに打ち付けてあります。人によっては机に打ち付けてあります。中には聖書のみことばの書かれた紙がいくつか入っているのですけど、必ず入っているのが申命記6章4〜5節「シェマ、イスラエル」のところです。また、人の額に四角い黒い箱みたいなものを付けたり、それから左手にはぐるぐる革ひもを巻いているのですが、これは「テフィリン(Tefillin)」聖句箱(写真)といって、やはりみことばを書

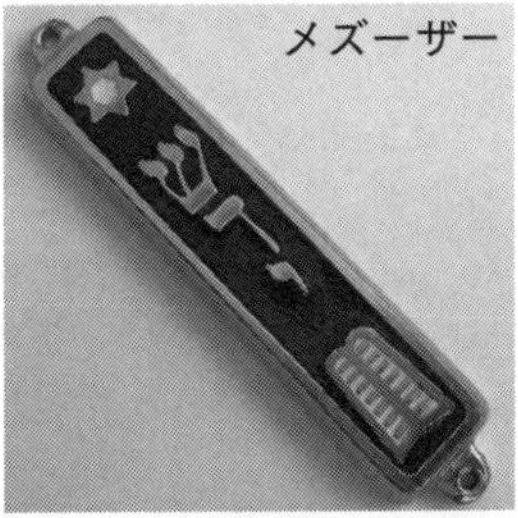


テフィリン

いた紙が何枚か入っています。申命記6章4～5節は必ず入っている。なんでこんなことをしているか。6～9節にその理由があります。

私が今日あなたに命じるこれらのことばを心にとどめなさい。これをあなたの子どもたちによく教え込みなさい。あなたが家で座っているときも道を歩くときも、寝るときも起きるときも、これを彼らに語りなさい。これをしるしとして自分の手に結び付け、記章として額の上に置きなさい（これがテフィリン）。これをあなたの家の戸口の柱と門に書き記しなさい（こっちがメズーザー）。（6・6～9）

戸口の柱や門に書き記しても消えてしまうので、メズーザーの中に入れて打ち付けるわけです。「記章として額の上に置く」というのが、本当に額に無理してくっつけるということなのかどうかはまた後でお話ししますけれど、とにかく彼らは「シェマ、イスラエル」の祈りをとても大切にして、毎日そう祈ってきたわけです。「シェマ、イスラエル。聞け、イスラエル。」いったい何を聞けと言っているのか。

イスラエルがずっと聞いてきた、そして私たちも共に聞くべき二つの大事なことがあります。一つ目は「神さまは**主**だ」ということ。ただこの「**主**」ということばにはちょっと注意が必要なんですね。実は、日本語で**主**と訳しているこのことばは、長い間口に出して発音されてこなかったんです。十誡に「**主**の御名をみだりに唱えてはならない」と書いてある、だからユダヤ人たちはこのことばを発音しないで、ほかのことばに読み替えていた。「アドナイ」ということばに読み替えていた。アドナイというのは「しもべと主人」というときの「主人」という意味なんです。ところが不幸なことに、その**主**ということばを発音しないでいるうちに、どういうふうに発音するのかわからなくなってしまった。誰も口にしないからわからなくなってしまった。これは非常に不幸なことです。もともと「主の御名をみだりに唱えてはならない」というのは、口に出してはいけないという意味では全然ない。そうではなくて、自分の都合のよい時に「神さま、神さま、こうしてくれ、あれしてくれ」と神さまをしもべのように使わないように、そんなふうに呼ばないようにということだった。ところがそれをとっても表面的に理解して「あっ、この名前は呼んじゃいけないんだ」と思って言わないようにしているうちに、どうやって発音するのかわからなくなってしまった。

ひと昔前は「エホバ」って読むんじゃないかという説が主流だったわけです。ところが最近になっていろんな研究の結果、「エホバじゃなくて、むしろ『ヤハウェ』か『ヤーウェ』か、間違いなくどっちかだ」というのがわかってきた。「ヤハウェ」もしくは「ヤーウェ」。神さまは「わたしの名はヤハウェだ」とご自分の名前を教えてくださったはずなんです。ところが読み方がわからなくなっちゃったので、ユダヤ人はとりあえず「アドナイ」って呼んでいた。そっちの方のは「主人」とか「主」という意味ですから、日本語でも「主」ということばに翻訳してきました。だけど、本当は固有名詞なんです。大頭眞一って固有名詞でしょ。ヤハウェというのも固有名詞なんです。神さまのお名前なのです。神さまだけが持っているお名前なのです。私が「私のことを『しんいち』と呼んでください」ってみんなに頼んだとする。でもみんながやっぱり「先生」って呼ぶ。「いやいや、先生じゃなくてもっと親しみをもって『しんいち』と呼んでくれ」ってお願いしても「牧師でしょ、先生でしょ」って言って先生としか呼んでくれなかったら、私は寂しい。神さまも名前を持っておられる。神さまを愛する者たちが、心を込めて、愛を込めて呼ぶことができるヤハウェという名前を持っておられる。

よくある誤解は――クリスチャンでもよく誤解してるのですが――主って書いてあるので「これは主人っていう意味ですよね、私たちはしもべで、神さまが主人なんですよね」って思っちゃう。違うんです。本当はヤハウェですが、読み方がわからなくて、しょうがないので主という言葉を当てただけなんです。ですから新改訳聖書は、神さまのお名前のところを一般名詞の主人の主と区別するために太字にしています。固有名詞だということを強調してるんですよね。しかし、固有名詞と一般名詞という勘違い以上に、もっと大きな誤解がそこに含まれている。神さまは私たちを単なるしもべとして扱おうとはなさらないんです。神さまは人をご自分の似姿に造られた。神さまはアブラハムを友と呼んでくださった。その神さまは私たちに「主人とか、しもべとか、そうことじゃなくてわたしの名前を呼んで欲しい。あなたがわたしを呼ぶことができるように名前を教えよう。それはヤハウェだ。わたしをヤハウェと呼んだらいい」と、そういうふうに教えてくださった。だからイスラエルがヤハウェと口に出さないでその発音を忘れてしまったというのは、何とも言いようがない、何とも言い難い悲劇なんです。天地を造られた神さまが「わたしの名前を愛を込めて呼んで欲しい」って言ってヤハウェと教えてくださったのに、それが分からなくなってしまった。神さまはそのことをどう思われただろうか。とても悲しまれただろうなと思う。私たちも胸が痛いような気がします。

だから「聞け、イスラエル。シェマ、イスラエル」と言われたイスラエルが、そして私たちが第一に聞くべきは、神さまが私たちにご自身の御名を呼ぶことを願っておられるということ。「私のヤハウェ、私の愛するヤハウェ、私の大切なヤハウェ」と私たちが呼ぶことを願っておられる。これが私たちの聞くべき第一のことですね。じゃあ今日から私たちの教会では、みんなでヤハウェと呼びましょうか。まあまあ、それもいいかもしれないけれども、私たちにはそれに優る名が与えられている。それは「イエス・キリストの父なる神」。「この名前の方が神さまはもっとお喜びになる。「イエス・キリストの父なる神」と呼んだらいい。忘れてはならないのは、このお方にお名前があるということ。そしてその名を私たちに明かし、私たちが愛をもって「イエス・キリストの父なる神さま」と呼ぶことを願っておられる、望んでおられる。神さまには望みがある。神さまは何でも持っておられるけれども、ただ一つ神さまに望みがある。それは、私たちに愛されること。愛を込めて呼ばれることを望んでおられる。

私たちが聞くべき第二のことは、4節にあります。

## 主は唯一である。（6・4）

この主もヤハウェですね。「ヤハウェはただひとりである」。ここでもよく誤解が起こるんです。この箇所が「聖書は一神教であって多神教じゃないんだ」ということを言っているると勘違いしている人が、クリスチャンでもたくさんいる。もちろん神さまはひとりしかおられません。イエス・キリストの父なる神さまの他に、どこにも神はいない。だからイエス・キリストの父なる神以外に神と名の付くものがあったら、それは全部にせもの。それは間違いない。だけどこの箇所は、一神教と多神教の問題を扱っているのではない。イエス・キリストの父なる神だけが唯一の神だというのは正しい、確かに正しいんだけど、ここから読み取るべきことはそうじゃないということです。一神教か多神教かということよりもっと大切なことを、ここでは扱っている。それは愛です。聖書はいつも愛を語っています。みことばは大切です。でも、みことばはただ単に正しいことを教えるだけじゃない。そうじゃなくて、みことばは私たちに神さまの愛を知らせ、私たちの内に神さまへの愛を起こさせる。ただ正しいだけじゃなくて、愛を知らせ、愛を起こさせる。一神教か多神教かという議論をどんなに積み重ねても、そこに愛は生まれない。どっちが正しいかという議論からは、愛は生まれない。でも、みことばは愛を生み出し、愛に基づく信仰を生み出す。「聞け（シェマ）、イスラエル。」ユダヤ人たちが毎日、このみことばをもって祈り、このみことばを子どもたちに伝え、このみことばを互いに言い合う。なぜか。それは、そこに愛が生まれるから。

主はただひとりなんです。ヤハウェはただひとり。それは何を意味するか。それは「私をこのように愛しているのは、ただあなたおひとりです。あなただけが私をこのように愛してくださり、ただひとりこの世界でこんなに私を愛してくださっているお方です」という愛の告白ですよね。花嫁にとって、自分を大切にして、自分と一生歩むことを決心してくれた花婿はただひとり。世界中に他に男性がいるとかいないとか、そんなことどうでもいい。一神教か多神教か、大切なことではあるけれど、ここではどうでもいい。そうじゃなくて、私を愛し、私と共に生きてくれるこのお方と、私は生きていく。ただひとりのこのお方と私は生きていく。このお方を愛し、この方だけを見つめて生きていく。それが「主はただひとり。ヤハウェはただひとり」というみことばの意味ですね。

十誡はどこから始まるかというと「わたしはあなたをエジプトから救い出した主である」。この「主」もヤハウェです。「わたしはあなたをエジプトから救い出したヤハウェである。」

エジプトで奴隷であって、重荷で背中が曲がっていて、地面に何か落ちてないかと地面を見るしかなかったイスラエル。仲間でありながら奴隷根性で互いに密告しあい、互いに妬みあい、少ない食べ物を奪い合い、責任を押しつけ合う、そういう生き方しかできなかったイスラエルだったのに、ヤハウェは身をかがめるようにしてその叫びを聞き取ってくださいました。そしてまっ直ぐに立って歩くことができるようにしてくださいました。それはヤハウェがしてくださったこと。私たちも同じです。罪の中にいた自分を愛することができなかった。自分などどうにもならない、つまらないものだと思っていた。そうやって自分を認めることができずに自分を責めて、返す刃でほかの人を妬んで責めていた。私たちの背中も自分で負いきれない、扱いきれない重荷で曲がっていたんです。その私たちを、イエス・キリストが十字架で救ってくださった。まっ直ぐ立って、顔を上げて神の御顔の光を仰ぎ、兄弟姉妹を共に愛し合いながら喜んで歩くことができる、そんな私たちにしてくださった。ただひとり、イエス・キリストの父なる神さまだけがそうしてくださった。

イスラエルはこのヤハウェの愛を、毎朝心に刻むのです。「聞け、イスラエル。」こんな神さま、こんなヤハウェはほかにいない、ただひとりこのお方が私を選び、私の将来をその手に握りしめてくださっているんだと。クリスチャンも同じように、イエス・キリストの父なる神だけが私の神、この神さまだけが私を本当に愛してくださるお方。だから私のすべてをこの方の御手にゆだね、このお方と共にどこまでも歩いていくんです。6章の8節~9節のところを読みましょう。

これをしるしとして自分の手に結び付け、記章として額の上に置きなさい。これをあなたの家の戸口の柱と門に書き記しなさい。(6・8~9)

先ほど申し上げたメズーザーやテフィリンというのは、とても奇妙に見えます。神さまは文字どおりそうするように命じられているのではないと、私も思います。神さまが命じられているのは、神の愛を心に刻むことですよね。

これをあなたの子どもたちによく教え込みなさい。あなたが家で座っているときも道を歩くときも、寝るときも起きるときも、これを彼らに語りなさい。(6・7)

「家でも道でも」ということですから、あなたの生活のあらゆる局面で24時間、あなたの心に神の愛を刻みなさいということ。「寝るときも」って面白いですね。人は寝ているときには自分で自分をコントロールすることができない。だから思いがけない夢を見たりする。あるいはときどき寝言で、あるいは意識がもうろうとしたり年老いてぼけちゃったりして、神さまを汚すようなことを言ってしまわないかと心配になったりする。でも、だいじょうぶ。神さまはご自分の愛を私たちの心に刻んでくださる。バッチリ目が覚めていて、頭がはっきりしているときだけじゃない。寝ているときでも、潜在意識の下にまでも、神さまはご自分の愛を私たちに刻んでくださる。だから私たちは寝ているときでも、神さまの胸の中に抱かれているってことを知って、安心していたらいいんです。仮に寝言で、あるいは認知が入って思いがけず神さまを汚すようなことを口走ってしまうことがあったとしても心配する必要はない。私たちの本心を神さまはご存知で、私たちの弱さもご存知。私たちが何だかわけのわからないことを言ってしまったとしても、そういう小さな破れも神さまが抱きしめて、赦し、癒してくださる。何にも心配いらないのです。

5節。ここは旧約聖書のクライマックスといえるところですね。

あなたは心を尽くし、いのちを尽くし、力を尽くして、

あなたの神、主を愛しなさい。(6・5)

ここは不思議に思う人が多いところです。「愛しなさい」という命令じゃないかって。「愛する」なんて命令されてできるものなんでしょうか。私もクリスチャンになってからずっと、この命令に思いをめぐらしてきました。「愛しなさい」と言われてどうしたらいいんだろうと思って、最初のころは何とか愛そうと思ってね、神さまがしてくださった恵みを数えて、それによって無理やり愛を絞り出そうとしてたわけです。「神さまは私の罪を赦してくださった。御子イエスを十字架にかけてくださった。家族を与えてくださった。生活の糧を今日もお与えくださった。……だからあなたを愛します。愛したい。愛が湧いてきたかな？　ん？　なんかもうひとつだな……」みたいなことをずいぶん繰り返してきました。しかし最近、愛するっていうのは恵みを数えて感謝するだけじゃない、もうちょっと違うんだと思うようになってきました。

私が結婚式の司式をするとき、教団の式文に基づいて進めるんですけれど、誓約のところはいつも感動する。あの誓約なしで結婚する人は気の毒だなと思うくらい感動する。もしそういう人がいたら、結婚した後でも教会に来て誓約したらいいです。現在、教団で式文を改訂しようとしてるんですけれど、あの誓約の部分にはもう全然手をつける気がない。あそこは完璧ですね。こういうところです。

「あなたは○○さんを妻、あるいは夫とし、神の定めに従って夫婦の神聖な契りを結ぼうとしています。あなたはこの人を愛し、この人を慰め、この人を敬い、健やかなときも病めるときもこの人を守り、そのいのちの限りほかの者によらないでこの人に添うことを願いますか。」

何かをしてくれたから愛するのではない。そうじゃない。この人と生きていくんだ。よいときばかりじゃないだろう。この人が悲しむときもあるだろう。病気になるときもあるだろう。そういうときこそ私はこの人を慰めたい。抱きしめたい。支えあって共に生きていきたい。それが誓約のことばであり、それが愛というものですね。

結局のところ神さまを愛することとは、神さまと共に生きること。どんなときでも神さまとともに生きること。もちろん神さまは病気にならない。だから「病めるときも」というのは当たらないかもしれない。でも「この人を慰め」というのは神さまにもあてはまるかもしれない、それは神さまにも悲しみがあるから。神さまはこの世界を非常によいものとしてお造りになりました。それなのにそれが私たちの罪によって破れてしまった。大きな破れが生じてしまった。三つの愛の破れとよく私は申しますけれども、神さまと私たちとの愛が破れてしまった。私たちお互いの愛が破れてしまった。創世記の3章で人が神になろうとして「神なんかいらない」と言ったときに神との愛が破れた。直後に男と女が自分の責任を押し付け合うということが起こった。「骨からの骨、肉からの肉」とか言っておきながら、そういうことが起こってしまった。人と人との愛に破れが生じた。人はまた自分に自信が持てなくなった。神さまに愛されているってことがわからなくなった。自分自身との健全な愛が破れたと言うこともできると思います。そして、そんな人間は自然を搾取し、環境を破壊し、自然もまた私たちの安全を脅かすようになった。神さまとの愛が破れ、私たち互いの愛が破れ、そして世界や自然との愛が破れた。三つの愛の破れ。神さまはこうした愛の破れを悲しんでおられる。

私たちは、ただ神さまが与えてくださった恵みを感謝するだけではない生き方へと招かれている。それは神さまの悲しみを知り、神さまと共に働くこと。この世界の破れを繕うために自分を与えること。夫が病気になったとき、妻は寝ることも忘れて看病するだろうと思う。あるいは妻が病気になって高額な医療費が必要であるならば、夫は借金をしてでもお金を工面するだろう。私たちでさえ、そうやって互いに自らを差し出し合って生きている。愛とはそのようなもの。神さまが欲しいとおっしゃる愛は、そのような愛。しかし、弱い罪人の私たちが、本当にそんなふうに神さまを愛することができるのだろうか。いつもそう思わされます。私たちに神さまを愛することはできない。互いを愛し合うこともできない。神さまが「世界の破れを一緒に繕おう」とおっしゃっても、私たちは自分のことで精一杯。自分のせいではない、自分にあまり責任がないことに対して、自分自身を与えることなどとてもできない。それが正直なところです。でも神さまは、そんな私たちを諦めることができない。「そうだな、無理だよな、じゃあ自分のことだけ考えていたらいいよ」と、そんなふうに諦めることがおできにならない。もっと私たちと一緒に、生きたいと願っておられる。もっと私たちと一緒に、愛し合いたいと思っておられる。

イスラエルはいつも神さまにとっては花嫁。神さまは花嫁と呼んで、私たちと夫婦のように愛し合うことを願っておられるんです。諦めることができないんです。私たちが毎日失敗し続けているこのありさまを見ても、それでも神さまは諦めることができなくて、あなたを愛の人にしたいとおっしゃる。そして、ほかの誰かじゃなくて、あなたとともに、あなたを通して、この世界を愛の破れから回復させたいんだと、そうおっしゃる。「できない、できない、そんなことはできない。神さま無理です。もう自分のことで精一杯で、自分の周りの人との人間関係のトラブルで精一杯で、とてもそんなことはできない」と申し上げる私たち。そのために神さまは御子イエスをこの世に送ってくださった。もう一箇所、新約聖書を開きましょう。


パリサイ人たちはイエスがサドカイ人たちを黙らせたと聞いて、一緒に集まった。そして彼らのうちの一人、律法の専門家がイエスを試そうとして尋ねた。

「先生、律法の中でどの戒めが一番重要ですか。」

イエスは彼に言われた。「『あなたは心を尽くし、いのちを尽くし、知性を尽くして、あなたの神、主を愛しなさい。』これが、重要な第一の戒めです。『あなたの隣人を自分自身のように愛しなさい』という第二の戒めも、それと同じように重要です。この二つの戒めに律法と預言者の全体がかかっているのです。」(マタイ22・34〜40)

ここでイエスがおっしゃったことは、当時のユダヤ人にとって何にも新しいことではありませんでした。律法の中で一番大事なのはこの二つだと、みんなそう言っていた。でもイエスさまがみんなと違っていた点がただ一つある。それは、ただ教えるだけじゃなくて、そんなふうに愛することができるようにしてくださった、実現させてくださった。「心を尽くし、いのちを尽くし、知性を尽くして、あなたの神、主を愛しなさい。」これは人間を心と思いと知力に切り分けているわけじゃない。そうじゃなくて「あなたの存在のすべてをもって」という意味です。あなたの存在のすべてをもって、持てる力のすべてで、神さまを愛しなさい。イエスはそれをできるようにしてくださった。十字架と復活によって、私たちを新しくしてくださった。神の子としてくださって、御霊を注いでくださった。そして「あなたの隣人をあなた自身のように愛せよ」。これは「あなた自身のように」というのが大事だと思う。神さまに造られた自分を卑下したり、傷つけたり、おとしめたりするんじゃなく、神さまが造られたそのままの自分を受け入れる。同じように他の人を受け入れて、愛することができるようにしてくださる。「私はこれでいいんだ、神さまの胸の中に、このように抱かれていればそれでいいんだ」と思うことができるようにしてくださった。

先日、ある方からご質問がありました。「自分はクリスチャンなんだけれども、なかなか愛することができません。愛なきことば、愛なき行い、愛なき思いにしじゅう悩まされているんです」とおっしゃったので「だったら7月7日と14日の私のメッセージをホームページで聞いてください」と申し上げました。「別に7日と14日じゃなくても、いつも同じことしかお語りしていないのでどれでもいいです。愛するっていうのは私たちの側で努力すればできるようになるっていうことじゃありません。そうじゃなくって、あなたはみことばを聞かなければなりません。『シェマ、イスラエル』というこの愛のことばに代表されるような旧約聖書、そして新約聖書のみことばを聞き続けなければならない。温泉に入って湯治をするように、何度も何度も、毎日毎日聞き続けて、あなたは神さまに愛されているということを知らなければなりません。どれほどつまらない寝言を言ったとしても、わけのわからない汚しごとを言ったとしても、それでも変わらずにどこまでも愛されている、受け入れられている、赦されているということを、みことばの温泉で体の芯から温まるように骨の髄から知らなければならない。同時に、あなたは愛し慣れていません。私たちはみんな愛することに慣れていない。愛しなさいと言われても、どういうふうに愛したらいいのかわからない。だから教会の仲間と、愛し方のリハビリをする必要がある。赦し方、赦され方をそこで練習する。覆い方と覆われ方を、またとりなし方ととりなされ方も練習する。繰り返し練習するのです。教会だったら失敗してもかまわない。繰り返し、繰り返し、練習して、身に着けていく。時間がかかります。でも、時間をかけて身に付けたものだけが本物で、いつまでも残ります」。そのようにお答えしました。神の子とされた私たちは、神と人とを愛する愛をも与えられている。そして神さまの大切な花嫁として、その愛に成長していきます。

さきほど、結婚式の誓約についてお語りしました。そこには「いのちの限り」と書いてあった。でも神さまと私たちの愛、そして私たち兄弟姉妹の間の愛はそうではありません。「いのちの限り」に限られていない。神さまと私たち、私たち相互の愛にはいのちの限りなどという制限がない。むしろこの命が果てる時に、ますます豊かな永遠のいのちの中で、限りない愛が溢れ出していく。いつまでも、いつまでも、私たちは神さまの胸の中で、尽きることのない喜びを生きるということ、それが既に始まっているということを、互いに喜びたいと思います。

# 主があなたを恋い慕って

聖書　申命記7章6～8節
6 あなたは、あなたの神、主の聖なる民だからである。あなたの神、主は地の面のあら
ゆる民の中からあなたを選んで、ご自分の宝の民とされた。7 主があなたがたを慕い、あ
なたがたを選ばれたのは、あなたがたがどの民よりも数が多かったからではない。事実あ
なたがたは、あらゆる民のうちで最も数が少なかった。8 しかし、主があなたがたを愛さ
れたから、またあなたがたの父祖たちに誓った誓いを守られたから、主は力強い御手を
もってあなたがたを導き出し、奴隷の家から、エジプトの王ファラオの手からあなたを贖
い出されたのである。

先週は夏休みをいただいて、気持ちも新たにされて帰ってまいりました。今日からまた

申命記に戻りたいと思います。今日の箇所は、以前の新改訳第三版では「主があなたがたを恋い慕って」（7節）とあります。これは私が大好きなみことばです。「主があなたがたを恋い慕って。」神さまが私たちを恋い慕ってくださる。最初にここを読んだときは本当にびっくりしました。神さまが恋い慕うって、何だかおかしいような気もしました。私たちが神さまを恋い慕うというのならばまだ分かると思うのですが、神さまが私たちを恋い慕うというのはどういうことなのだろう。恋い慕うという言葉はそういうところで使うものなのだろうかという感じがいたしました。しかし、神さまは確かに私たちを恋い慕ってくださる神です。そう書いてあります。神ご自身が聖書の中にそのように記しておられる。神さまは私たちのことが大好きなんですね。もちろん私たちは、神は愛だということはよく知っています。でも、このみことばに出会うまで、私の中には「愛は愛なんだけれども、やっぱりどこかニコリともしない、厳格な神さま」のイメージがあったと思います。赦してくださるんです。でも、喜んでいる神のイメージがわきませんでした。赦しの神なんだけれども、まあ仕方なく、不承不承という感じ。私を愛することを喜んでくださっている神さまというイメージが、私にはありませんでした。神と喜びというものが結びつかなかった。しかし、こういう箇所を読んで「神さまは私たちが好きなんだ、恋しくて恋しくて愛さないではいられないんだ。私たちがここにいること、私たちが愛することを本当に喜んでくださる、喜びの神さまなんだ」ということがだんだん分かってまいりました。

神がわかるとはどういうことなのでしょうか。多くのクリスチャンが「神さまがわからない、聖書がわからない」と言います。ましてやクリスチャンじゃない人はみんな「わからない、わからない」と言います。「わかる」とはどういうことでしょうか。それは、私たちが変えられた分だけ「わかる」のです。部屋の中にどーんと荷物があるとそこに「わかる」余地はないのですが、荷物が減っていくと、そこに神さまが入り込む余地が生まれてきます。私の胸の中に、私の生活の中に、私のいのちの中に、私の考えの中に、私の関心の中に。

私が変えられるときに、変えられた分だけ神さまがわかるのです。私たちはいつまでも、どこまでも変わり続けますから、今日よりも明日、明日よりもまたその次と、神さまがどんどんわかっていきます。変われば変わるほどわかっていくだろうと思います。時にふんぞり返るようにして「神はわからん。わかるように説明してくれたら信じてやってもいいよ」というような人に出くわすことがあるかもしれません。でもそれでは神さまはわからないのです。イエスさまも、「求めよ」とおっしゃいました。「探せ」とおっしゃったのです。聖書のみことばの中に神さまを探す。本気で神と一緒に生きる。本気で生きた時にその体温というか、手触りというか、そういうもの感じることができます。そうやって変えられていったときに、変わった分だけ神さまがわかるということなんです。

そのようにわかってくる神の愛というのは、恋い慕う愛です。「恋い慕う」ってなんだか叶わない恋を嘆く乙女のような趣がある言葉ですよね。切ないような愛。神さまにこういう言葉を使うのはちょっと奇妙な気がするんだけど、でもやっぱり、神さまは切ない愛のお方だと思います。なぜなら、神さまとイスラエルの関係は切ない関係だからです。イスラエルは神の愛を無視し続けるのです。でも神はそのイスラエルを恋い慕い続けます。先ほど「叶わない恋を嘆く乙女のようだ」と申し上げましたが、叶えられない関係をあきらめ切れずに愛を差し出し続ける。そんな切ない愛で私たちを愛し慕ってくださる、そういう神さまです。そんな「かなわぬ恋を嘆く乙女」のような立場をご自分から進んで取ってくださっているのです。なぜ、そんなに恋い慕ってくださるのか。

**主**があなたがたを慕い、あなたがたを選ばれたのは、あなたがたがどの民よりも数が多かったからではない。事実あなたがたは、あらゆる民のうちで最も数が少なかった。

しかし、主があなたがたを愛されたから、またあなたがたの父祖たちに誓った誓いを守られたから、主は力強い御手をもってあなたがたを導き出し、奴隷の家から、エジプトの王ファラオの手からあなたがたを贖《あがな》い出されたのである。（7・7〜8）

なぜ神はイスラエルを恋い慕うのでしょうか。そして、私たちを恋い慕ってくださるのはなぜでしょうか。理由はないのです。私たちの側に理由はありません。ただ神が愛されたからなのです。イスラエルは誓いを守りませんでしたが、神さまがその誓いを勝手に、一方的に守られるからです。「数が少ない」というのは人数のことだけではなくて、立派じゃない、値しない、何にもよいところがないということです。私たちはしばしば間違えます。自分たちが一生懸命だったら愛されるとか、熱心に信仰に励んだらもっと愛されるのだと思いやすい。あるいは、私たちが熱心でないから愛されないんだ、こんなよくないことが起こったのは私たちが信仰熱心でなかったからだ、としばしばそう考えてしまいます。でもそれは神がどういうお方か分かっていないからです。神さまはそんな神じゃない。神さまは私たちに何のよいところがなくても、私たちを恋い慕ってくださる神です。イスラエルがそうしたように、私たちもしばしば神を無視して足蹴にする。そんな真似をしたとしても、それでも私たちを慕ってくださる、そういう神なのです。イエスさまを見たらそれがわかります。イエスを足で蹴ったどころではありません。唾をかけ、ののしり、鞭で打って十字架につけました。でも十字架の上でなおも、イエスは私たちを恋い慕ってくださいました。

今週の火曜日からティーンズバイブルキャンプがあります。いつもは高校2、3年生男子の担当なんですが、今年はどういうわけか小学生の担当になりました。「大丈夫かな」と心配しています。でも、いつも子どもたちに伝えたいと思うことは「イエスさまがいつも一緒にいてくださるというのは本当に、本当に、本当のことなんだ！」ということ。「いつも」というのは本当に、いつも、なのです。私たちが罪を犯すとき、どうしようもない裏切りをしてしまうとき、どうしようもなく神の御名を汚してしまうとき。そんなときも「いつも」に入っているんです。そのときにも、神さまが私たちとともにいてくださるのです。いや、その時こそ、イエスさまはその罪に痛み、その罪を悲しむあなたとともにいてくださるのです。私たちはよく「イエスさまが一緒にいてくださるから大丈夫」と言うのですが、それは例えば、ゆらゆら揺れる狭い吊り橋の上を歩いているけど「イエスさまがいるから絶対に落ちることはない」という、そういう「大丈夫」なのかといえばそうではありません。人生にはいろんなことが起こります。吊り橋から落っこちることもあるわけです。それでも大丈夫なのは、私たちが吊り橋から真っ逆さまに落っこちるとき、イエスも一緒に落っこちてくださっているからです。落っこちた先にも、もちろんイエスは一緒にいてくださる。「イエスさまが一緒にいてくださる」というのはそういうことです。あなたがいるところ、それがどこであっても、イエスは一緒にいてくださいます。落ちている最中も、イエスが一緒に落っこちてくださっています。それが「イエスさまが一緒にいてくださる」ということです。小さくて罪ある私たちをただ一方的に、神がそこまで恋い慕ってくださっているとは、本当に何ということだろうかと思います。

この7章は大きなつまずきとなる箇所でもあります。というのは聖絶の話が出てくるからです。

あなたの神、**主**が彼らをあなたに渡し、あなたがこれを討つとき、あなたは彼らを必ず聖絶《せいぜつ》しなければならない。彼らと何の契約も結んではならない。また、彼らにあわれみを示してはならない。(7・2)

どれほどのクリスチャンが、どれだけの牧師が「聖書にこの言葉がなかったらよかったのに」と思ってきたことでしょうか。神は、ご自分の民でないものを一人残らず根絶やしにしろと命じる、そんなお方なのか。申命記を読む者は誰でもそのように思います。これを読むとみんな「神さまが愛だとは思えない」と思います。だからヨナ書があります。神は「わたしは右も左も分からないでいるニネベの人々、やがてイスラエルを滅ぼすアッシリアの人々を、その家畜も含めて惜しまないではおられようか」とユダヤ人である預言者ヨナにそう言って、彼を遣わしました。「聖書なんかどうせわからない」ということではなく、「神さまってどうせこんなお方だ」というのでもなく、食らいつくようにして聖書を読むことができたらいいなと思います。「神さまの体温」というと非常におかしな言葉だとは思いますが、聖書を本当に読んでいくならば、そこには神の体温が感じられます。理屈ではなく、感情でもなくて、神がいかなるお方であるかということを、必ず感じ取らせてくださいます。聖書は、読んだらちょっと気が楽になる、などという書物ではありません。ちょっと人生の支えになる、ちょっといい言葉というのではなくて、聖書はあなたを変えるのです。神の体温を感じるとき、あなたは本当に変わっていきます。変わった分だけ、神がわかります。変わった分だけ、あなたは幸せになることができます。ヨナ書に見るものは、アッシリアに対して神が感じておられる痛みです。後にイスラエルを滅ぼすことになる、その敵国をも惜しむ神の痛みがそこにあります。神の愛は切ない愛です。痛みを伴う愛です。愛という言葉の字面だけを取って、痛み抜きにして神を理解しようとしてはなりません。

申命記7章に聖絶が命じられているのは確かです。しかし、それには理由があります。

また、彼らと姻戚関係に入ってはならない。あなたの娘をその息子に嫁がせたり、その娘をあなたの息子の妻としたりしてはならない。というのは、彼らはあなたの息子を私から引き離し、ほかの神々に仕えさせ、こうして**主**の怒りがあなたがたに向かって燃え上がって、あなたをただちに根絶やしにするからである。むしろ彼らに対して、このようにしなければならない。彼らの祭壇を打ち壊し、石の柱を打ち砕き、彼らのアシェラ像を切り倒し、彼らの彫像を火で焼かなければならない。（7・3〜5）

当時のイスラエルは、例えるなら森の中に畑を作ろうと木を切り倒し根っこを掘り返して開墾したような、そういう状況だと想像してください。周囲は全部森です。しばらく手入れをしないとどうなるでしょうか。森がどんどん成長してきて、たちまち森に返ってしまいます。カナンに置かれたイスラエルというのは、まさにそういう状況なんです。けれども、イスラエルという畑が、森に返ってしまったらどうなるでしょうか。イスラエルが立てられたのはただイスラエルのためだけではありません。世界を贖《あがな》うためです。イスラエルは世界が神の下に立ち返るため立てられています。だからこの畑が偶像礼拝の森に飲み込まれてしまうようなことは決してあってはならないのです。神が喜んで聖絶を命じておられるわけではありません。泣きながら、痛みながら、でもこの世界を贖うために今はこうしなければならないとおっしゃっている。神に愛がないからではありません。そうではなくて、神をそこまで追い込んだのは私たちなんです。私たちの罪が、私たちの頑なさが、私たちの偶像礼拝が、神さまをそこに追い込んだのです。神がこんな辛いことを言わなければならないようにしてしまったのは私たちなのです。でもそれを超えて私たちを、そして世界を恋い慕い、何とかご自分のものになさろうと痛んでおられる神の姿が、ここにあります。

申命記7章にはもう一箇所わたしの大好きな箇所があります。申命記7章6節。

あなたは、あなたの神、主の聖なる民だからである。あなたの神、主は地の面のあらゆる民の中からあなたを選んで、ご自分の宝の民とされた。（7・6）

イスラエルは神さまの宝の民なのです。私たちも神さまの宝の民なのです。神さまが私たちを、ここにいるひとりひとりを恋い慕ってくださっています。私たちのことを「こんなに美しいものはない宝ものだ」とおっしゃっている。神さまの大切な、大切な宝ものである私たちひとりひとりです。えこひいきにしか見えないような、それほど大切にされている私たちであることを、この朝、本当に心に刻みたいと思います。第一ペテロ2章から。

ですからあなたがたは、すべての悪意、すべての偽り、偽善やねたみ、すべての悪口を捨てて、生まれたばかりの乳飲み子のように、純粋な、霊の乳を慕い求めなさい。それによって成長し、救いを得るためです。あなたがたは、主が慈しみ深い方であることを、確かに味わいました。主のもとに来なさい。主は、人には捨てられたが神には選ばれた尊い生ける石です。あなたがた自身も生ける石として霊の家に築き上げられ、神に喜ばれる霊のいけにえをイエス・キリストを通して献げる、聖なる祭司となります。聖書にこう書いてあるからです。

「見よ、わたしはシオンに、選ばれた石、尊い要石を据える。この方に信頼する者は決して失望させられることがない。」

したがってこの石は、信じているあなたがたには尊いものですが、信じていない人々にとっては、「家を建てる者たちが捨てた石、それが要の石となった」のであり、それは「つまずきの石、妨げの岩」なのです。彼らがつまずくのは、みことばに従わないからであり、また、そうなるように定められていたのです。しかし、あなたがたは選ばれた種族、王である祭司、聖なる国民、神のものとされた民です。それは、あなたがたを闇の中から、ご自分の驚くべき光の中に召してくださった方の栄誉を、あなたがたが告げ知らせるためです。あなたがたは以前は神の民ではなかったのに、今は神の民であり、あわれみを受けたことがなかったのに、今はあわれみを受けています。

（第一ペテロ2・1〜10）


9節に「あなたがたは選ばれた種族、王である祭司、聖なる国民、神のものとされた民です」とあります。私たちは宝の民です。神が宝ものとしてくださいました。そんな私たちです。今日はこのことを繰り返し申し上げていますけれど、どうしたら私たちはそのことを本当に信じることができるでしょう。それは第一ペテロ2章4節。

主のもとに来なさい。主は、人には捨てられたが神には選ばれた尊い生ける石です。
(第一ペテロ2・4)

イエスさまが捨てられてくださったから、捨てられて十字架にかけられてくださったから、私たちを恋い慕い、私たちを喜んで、私たちに新しい命と新しい心を与えるためにイエスが死んでくださったから、だから私たちは神の宝ものとされました。その私たちはどのようにして生きていくのでしょう。同9節の後半。

それは、あなたがたを闇の中から、ご自分の驚くべき光の中に召してくださった方の栄誉を、あなたがたが告げ知らせるためです。(第一ペテロ2・9b)

闇の中から驚くべきキリストの光の中に招かれた私たちです。そして招きに応じてその驚くべき光の中にいる私たち。その私たちはこのキリストを宣べ伝え、その素晴らしさを宣べ伝えるのです。驚くべき光の中で驚くべきお方を宣べ伝えるのです。それが決して簡単なことではないのは、私たちがよく知っている通りです。「キリストがあなたを自由にしてくださる、あなたを本当にいつもどんな時でも真っ逆さまに落っこちている時であっても、あなたと共にいてくださる」と言ったところで、人々はなかなか耳を傾けません。「いつもあなたはそんなことを言って、変わった人ですね」と思われることもよくあるでしょう。しかし神の宝ものであるということは神の栄光とともに神の苦難をも、その両面をともに生きることであろうと思います、まさにイエスがそうであったように。宣べ伝える。それは単に「教会に行きなさい、イエスさまを信じなさい、イエスさまはこうで、ああで」とただ言葉だけによるのではないと思います。そうじゃなくて、私たちがすでに入れられた驚くべき光の中で驚くべき神とともに愛し、驚くべき神とともに心を痛めることさえいとわない。そのような生き方が、この驚くべきお方を宣べ伝えるのです。

# しあわせになるための訓練

聖書　申命記8章2〜5節

[2] あなたの神、主がこの四十年の間、荒野であなたを歩ませられたすべての道を覚えていなければならない。それは、あなたを苦しめて、あなたを試し、あなたがその命令を守るかどうか、あなたの心のうちにあるものを知るためであった。[3] それで主はあなたを苦しめ、飢えさせて、あなたも知らず、あなたの父祖たちも知らなかったマナを食べさせてくださった。それは、人はパンだけで生きるのではなく、人は主の御口から出るすべてのことばで生きるということを、あなたに分からせるためであった。[4] この四十年の間、あなたの衣服はすり切れず、あなたの足は腫れなかった。[5] あなたは、人がその子を訓練するように、あなたの神、主があなたを訓練されることを知らなければならない

暑い中をたくさんの方がたが、よく集ってくださいました。この後、8章の14節後半のところから16節まで、少し読みますね。

主はあなたをエジプトの地、奴隷の家から導き出し、燃える蛇やサソリのいるあの大きな恐ろしい荒野、水のない乾ききった地を通らせ、硬い岩からあなたのために水を流れ出させ、あなたの父祖たちが知らなかったマナを、荒野であなたに食べさせてくださった。それは、あなたを苦しめ、あなたを試し、ついにはあなたを幸せにするためだったのである。(8・14b〜16)

「試し」というのは訓練のことです。不思議な言葉です。神さまの試し、試み、訓練は「ついには、あなたを幸せにするため」であった。これはとても不思議に聞こえます。普通私たちは、幸せになるために訓練なんか必要ないと思っているのですよね。幸せというのは与えられるものだと思っています。何かよいことがあったら、受験に合格したら、あるいは何か収入があったら、あるいは健康が与えられたら、それによって私は幸せになる。普通はそう思います。例えば、作物の実り豊かな豊作の年にはたくさん食べ物が取れて、たくさん食べることができるし、それを売って収入を得ることができるので、豊作の年というのは幸せなんだと思ってしまう。反対に――豊作の反対のことば、すぐ出てこなくて調べたのですが――凶作の年は作物が取れないので、食べ物にも困ってしまいます。当然収入もありません。だから不幸せな年だということになってしまいます。普通は、幸せとか不幸せというのは与えられるものの量によって決まると思います。だとしたら、私たちの側の訓練なんか何も関係ないってことになるわけですよね。しかし聖書が語る幸せというのは、普通の幸せとは全く違います。聖書の幸せというのは、どこまでも突き詰めていくならば、結局は神と共に歩いているかどうか。豊作だろうが凶作だろうが神の胸の中に生きているかどうか。それが聖書のいう幸せなんです。だからイスラエルは、豊作だろうが凶作だろうが、何があろうがいつも幸せでいるために、荒野で神と共に生きるという訓練を受けました。

イスラエルが受けた訓練というのは、難しい訓練じゃありません。荒野《あらの》での訓練というと、飢えや渇きに耐えるサバイバル訓練みたいな、そんなイメージを抱くかもしれませんけれど、そうじゃないのです。それは神に信頼するという訓練。確かに15節に「水のない乾ききった地を通らせ」とあるので、これだけだったらサバイバルかもしれないけれど、そうじゃないんです。15節は「堅い岩から、あなたのために水を流れ出させ」と続きます。飲む水がないのを我慢する訓練じゃない。飲む水がない所で、神から水をいただくという訓練なんです。16節。「あなたの先祖たちの知らなかったマナを、荒野であなたに食べさせてくださった。」食べ物がないのを我慢してサバイバルする訓練じゃないんです。そうじゃなくて、毎朝、毎朝神から与えられるマナを食べ、神に養われるということを味わう、経験するという訓練ですね。マナはその日の分しか集めることができない。今日の分しか集めることができない。「もし明日も降らなかったら心配だから、明日の分も集めておこう」と欲張って余計に集めた人がいたんだけれども、それは悪くなって、虫がついて食べられなくなりました。

荒野の訓練というのは、食べ物や持ち物や、あるいは身を守る武器をたくさん蓄えて、それで安心するという生き方を目指すものではありません。今日の分は持っているけど、明日の分は持っていない。でも明日も神は私を胸に抱きしめてくださる。神はそういうお方だ。明日の分なんか持ってる必要はない。今日神の胸の中で生きている私は、明日も神の胸の中で抱きしめられて生きることができる。神に信頼できるようにする、それがイスラエルが受けた訓練です。毎朝降るマナって新鮮ですよね。その新鮮なマナを毎日味わうように、毎日神への新しい信頼をいただいて生きていく。昨日の信頼、昨日の貯金、その利子で食べていくのではなくて、今日もまた新たに神に愛され、明日また神を新たに愛する。神との新鮮な愛の交わりの中に、毎日新しく抱かれて生きる。それを覚えるということが、幸せになるための訓練でした。

しかしながら神はイスラエルが「今日の分しか持たない、何も蓄えない」という貧しい状態で留まっていることを望んでおられたわけではない。このことは知っておかなければならないと思うのです。

あなたの神、主が、あなたを良い地に導き入れようとしておられるからである。そこは、谷間と山に湧き出る水の流れや、泉と深い淵のある地、小麦、大麦、ぶどう、いちじく、ざくろのある地、オリーブ油と蜜のある地である。そこは、あなたが不自由なくパンを食べ、何一つ足りないものがない地であり、そこの石は鉄で、その山々からは銅を掘り出すことのできる地である。(8・7～9)

神はそういうよい地を、今から与えようとしてくださっている。そこでどれだけでも豊かさを喜んだらいい、豊かになったらいい。そういうふうにおっしゃってくださっている。そこで幸せに生きるために必要なことはただ一つ。

あなたが食べて満ち足りたとき、主がお与えくださった良い地について、あなたの神、**主**をほめたたえなければならない。（8・10）

豊かな地でも荒野であっても、神の胸の中に生きるならば、私たちは幸せでいることができます。でも荒野では神の胸の中で生きる以外にありませんでした。明日もまた水がない、乾き切った地に出て行くんです。食べ物なんかないところに出て行くんです。でも「目に見える証拠は何もなくても、明日も私を愛して養ってくださる、胸の中で抱きしめてくださる神さまに信頼する、私は明日も神さまと一緒に歩いていくんだ」と信頼することを学んだのです。その信頼をカナンの地で持ち続けることができるかどうか。そこに、イスラエルの幸せはかかっていました。カナンに入ってからは何でも手に入る、何でも自分の思うようにすることができる。たくさんのものが手に入るだろう。それを喜べ。神の胸の中でそれを受け取って、神の胸の中でそれを喜べ。ただ一つ、このことだけを忘れるなとおっしゃっています。それは毎日、毎日、荒野で歩んだのと同じように神を信頼し、神を喜ぶこと。しかし、そこには大きな誘惑があります。

あなたは心のうちで、「私の力、私の手の力がこの富を築き上げたのだ」と言わないように気をつけなさい。（8・17）

自分の富に信頼し、自分の力を頼みにし、そして神と共に生きることを忘れるならば、私たちは幸せを失ってしまいます。それはとても大きな誘惑であるということを私たちは知らなければなりません。あのダビデもそこから免れることはできませんでした。日本も豊かになりました。振り返ってみれば、かつては財布の中の小銭を数えるようにして生活していた人々もたくさんいたと思います。今はそういうところからある程度豊かになったと言えるかもしれません。でもそこに誘惑があります。あのころ必死で神にすがりついて「神さまあなたしか頼みになるお方はいません。ただあなただけに信頼します。どうか神さま抱きしめてください。助けてください」と、そう言って生きていた私たちが、いつの間にか「この私の力が、この手の力が、今のこの豊かさを、この快適さをもたらしたのだ」

と言わないように気をつけなければなりません。

だから神は荒野で40年間もイスラエルを訓練しました。神の胸の中で生きるということがどういうことなのかを、頭が忘れても体が覚えているように。神の体温を、神の胸の中で感じ続けられるように。そして「この体温が感じ取れなくなったら、それは危ない時なんだ」っていうことが分かるようになるまで、神はイスラエルを抱きしめ続けました。この神の体温を忘れないでいるならば、金や銀がいくらあっても「これは違う、本当の幸せはこれじゃない」ということが分かるはずです。鉄や青銅の武器がいかにたくさんあったとしても、この冷たさは、神さまが与えてくださる暖かい体温とは全く違うものだと、必ず気がつくはずです。神は「忘れるな、この温もりを忘れるな、神さまの胸の中で生きる幸せがどれほどのものであるのかを忘れるな」と言って、40年間イスラエルを荒野で抱きしめ続けてくださいました。

神さまは、クリスチャンたちが貧しいほうがよいなどとは考えておられない。「でもそうは言っても、マザー・テレサは着るもの二枚しか持ってなかったじゃないですか。神さまに喜ばれるためには貧しくならなければならないのではないでしょうか。」そういうふうにおっしゃるかもしれない。でも実際は、マザー・テレサほど多くのものを与えられた人はいないと思うのです。彼女はそれを全部与え尽くしたわけです。数えることのできないような多くのささげ物が、彼女を通して流れていったのです。神は私たちが豊かになることを望んでくださっている。「クリスチャンはケチケチして貧しい方がいいんだ、その方がクリスチャンらしいんだ。神さまはそうやって何でも禁じるようなお方なんだ」と考えてはいけないと思います。

神は私たちが、どんなにでも豊かになるように望んでくださっています。そして望むだけではなく、いくらでも与えることがおできになります。でも神には一つ心配なことがあります。それは私たちが豊かになる時、神を忘れ、幸せでなくなってしまわないか、ということです。神が願っておられるのは私たちの幸せなのです。豊かさによってその幸せがなくなってしまうならば、神は私たちが豊かになるのを止められることもあるでしょう。あるいはそのまま、豊かにしてしまうこともあるかもしれない。でも神の心の中にあるのは、私たちがいつも神とともに幸せの中に居続けることです。18節に幸せを失わないための秘訣が書いてあります。

あなたの神、**主**を心に据《す》えなさい。（8・18a）

神さまを心に据えなさい、と書いてあります。あなたの思いの真ん中に、心の真ん中に、神が座っているか。もちろん私たちは四六時中神のことを考えなさいと言われてもそんなことはできないかもしれない。けれども私たちが何かをしようとする時に「これは神さまと共にいる幸せの妨げにならないだろうか」と考えてみるといいと思います。主を心に据えるために、神は私たちを放っておかれません。助けを与えてくださいます。神は私たちがご自身の胸の中に生き続けるために、全力で助けてくださいます。それが3節。

それで主はあなたを苦しめ、飢えさせて、あなたも知らず、あなたの父祖たちも知らなかったマナを食べさせてくださった。それは、人はパンだけで生きるのではなく、人は**主**の御口から出るすべてのことばで生きるということを、あなたに分からせるためであった。（8・3）

これは、たいへん大切なところですね。「パンだけで生きるのではない。」神はマナを与えたんだけれども、そこで与えたのはマナだけじゃないって言うのです。マナは毎日の命をつなぐために必要だったけれど、マナさえあれば生きていけるっていうわけじゃない。そうじゃなくて神が毎日のマナを通して私たちに本当に与えたのは、神の胸の中で生きるために本当に必要な物でした。イエスはこのことをもっとはっきり教えてくださいました。

イエスは答えられた。「『人はパンだけで生きるのではなく、神の口から出る一つ一つのことばで生きる』と書いてある。」（マタイ4・4）

申命記には「人は主の御口から出るすべてのことばで生きる」とありました。でもこれではよく分かりません。だからイエスがご自分で解説をしてくださったのです。申命記に書いてある神の口から出るすべてのことばというのは、神のことば、神の口から出る一つ一つのことばのことなのだ、と教えてくださいました。神のことばとはどういうことばなのか。それは、愛のことばです。神のことばを聞くたびに、私たちは神の愛によって養われていく。結局、私たちを訓練するのは何なのか。それは神の愛のことば。神の愛のことばが私たちを神の胸の中に招き、私たちをご自身の胸の中に留まらせてくださいます。神のみことばが私たちを訓練するのです。

しかし一つだけ、気をつけなければならないことがあります。神のみことば、聖書のことばは、意味が分らなくても唱えれば魔法のような効果があるというようなものではないということです。聖書のことばを唱えればそれ自体が祝福をもたらすというわけじゃないのです。神のことばを聞くとき、私たちの心が語り手である神に向かう。神を忘れてしまいがちな私たちが、神のことばによって神の姿を、神の思いを、神の愛を、もう一度鮮やかに自分の心の中に新たにすることができる。神のことばを聞く時に、色んなことを思い出すはずです。神が私たちのことを喜んでくださっているのだということ、また、ご自分の胸の中で生き続けることを本当に願ってくださっているということ。それに神は、私たちをどんなにでも豊かにしたいと思っていてくださるということも思い出すことができます。

そしてもう一つ、神には大きな計画があるということを思い出すことができます。この世界は戦争があり、対立し、傷つけ合っています。満たされない思いを満たすために悪しざまに相手を罵り、悪者に仕立て上げ、自分の利益を守るために必要悪だと言いながらミサイルを撃ち合うような、どうにもならない世界。簡単な答えはないですよね。どうすればよいか、簡単な答えがない世界で、神は今も働き続けてくださっています。その神の働きは神の体温を知る私たちを通して、私たちが置かれた場所で進んでいくのです。対立する人々と、忍耐強くていねいに、共に生きる道を探るという私たちの地道な努力を通して、神はこの世界を変えようとしておられる、回復しようとしておられるのです。

この世界は、神の胸の中で生きる幸せを失ってしまった世界です。だけど神は諦めることができない。だから私たち抜きにではなく、私たちを用いて、私たちと共に、この世界をご自分の胸の中に回復しようとしておられます。そのために必要なすべてのものを備えてくださる。そのためだったら、どんなにでも私たちを豊かにしてくださる。神から与えられたものを神に与えられた使命のために用いるならば、どんなに激しく用いてもなくなることなんかありません。神は天の蔵を開いて、どんなにでも注いでくださる、そのことを知っていたいと思うんです。

今私は、あなたがたを神とその恵みのみことばとにゆだねます。みことばは、あなたがたを成長させ、聖なるものとされたすべての人々とともに、あなたがたに御国を受け継がせることができるのです。（使徒20・32）

みことばには力がある。それは魔術のような、魔法のような、そういう力ではありません。そうじゃなくて、私たちを神の子としてきちんと成長させる力が、みことばにはあります。神の胸の中で、世界の破れを繕う神の子に育てる力がみことばにはあります。

初代教会と言われる最初のころの教会に、使徒ヨハネの孫弟子にあたるエイレナイオスという人物がおりました。紀元二世紀頃の人ですね。この人はとても素晴らしいことを言ったんです。神のみことばには神さまの愛がこもっている、神はご自分のみことばにご自分の愛を込められた、と言ったんです。

神さまを計ることは不可能だ。神さまを全部掴むということは不可能だ。だけど神さまの愛は私たちを、みことばを通して神さまへと導く。神さまがどれくらい大きいか。神さまのどこがどうなってて、三位一体がどうなっているか。そんなことは分からないけれども、でもみことばを読んだらよい。みことばを聞いたらよい。そこに愛が込められていて、私たちを神さまについての知識ではなく、神さまご自身に導く、と。

つまり、聖書のみことばを読む時に、神はこうおっしゃっているのです。「わたしのことばを聞きなさい。わたしの愛を込めたことばを聞きなさい。そうしたらあなたにも私がわかるよ。わたしと共に生きることができるよ。」みことばにはそういう力があるということです。

神のことばには神の愛が込められています。それがどれほどの愛であるのか。

あなたがたは自分自身と群れの全体に気を配りなさい。神がご自身の血をもって買い取られた神の教会を牧させるために、聖霊はあなたがたを群れの監督にお立てになったのです。(使徒20・28)

「神がご自身の血をもって買い取られた神の教会」。教会って何なのか。教会って建物のことじゃないのです。教会とは宗教法人という組織のことでもありません。ここに集まっている私たち、ここにいる私たちのことを教会といいます。この朝ここに私たちが集まっているのは、神がご自身の血で私たちを買い取ってくださったから。神の血って言うとよく分からないですけど、これはイエス・キリストの血のことですよね。私たちのために、現実に神が十字架の上で血を流してくださった。それは強いられたのではなく、ご自分で選んでくださった。この私たちのために、ここにいる一人ひとりのために、血を流すことを神が選び取ってくださった。

今年のティーンズバイブルキャンプは、しばらくぶりに参加者が多かったです。去年、一昨年はおそらく30名くらいだったのではないかと思いますが、今年は総勢50名以上。子どもたちだけでも30名近く参加しました。先週「閉会礼拝のメッセージのためにお祈りください」とお願いしたのですけれども、祝福されました。そんなに分かりやすい話でもなかったと思うんだけども、みんなよく聞いてくれました。その時申し上げたことは「キャンプが終わってからも、きみたちは神さまのみ言葉を読んでください。聖書のことばを読んでください。それもなんとなくじゃなくて、本気で読んでください。本気で読んで欲しい。本気で読んだら、神さまがわかるよ。本気で読んだら、きみたちを本当に大切に思っていて、きみたちのために何も惜しむことのない神さまがわかるから」っていうふうにお話しいたしました。私たちも、この神のことば、私たちに与えられている神のことばを、本気で読みたいと思います。そして神と一緒に本気で生きていきたいと、そのように願います。

# 何度でも、何度でも、何度でも、愛

聖書　申命記9章1～10節

1 聞け、イスラエルよ。あなたは今日、ヨルダン川を渡って、あなたよりも大きくて強い
国々を占領しようとしている。その町々は大きく、城壁は天に高くそびえている。2 あな
たがよく知っているアナク人は、大きくて背が高い民である。あなたは「だれがアナク人
に立ち向かえるだろうか」と言われるのを聞いたことがある。3 今日、知りなさい。あな
たの神、**主**ご自身が、焼き尽くす火としてあなたの前を進み、彼らを根絶やしにされる。主
があなたの前で彼らを征服される。あなたは**主**が約束されたように、彼らをただちに追い
払って滅ぼすのだ。4 あなたの神、**主**があなたの前から彼らを追い出されたとき、あなた
は心の中で、「私が正しいから、**主**が私をこの地に導き入れ、所有させてくださったのだ」
と言ってはならない。これらの国々の邪悪さのゆえに、主はあなたの前から彼らを追い出

そうとしておられるのだ。5 あなたが彼らの地を所有することができるのは、あなたが正
しいからではなく、またあなたの心が真っ直ぐだからでもない。これらの国々の邪悪さの
ゆえに、あなたの神、主があなたの前から彼らを追い出そうとしておられるのだ。また主
があなたの父祖、アブラハム、イサク、ヤコブになさった誓いを果たすためである。
6 知りなさい。あなたの神、主は、あなたの正しさゆえに、この良い地をあなたに与えて
所有させてくださるのではない。事実、あなたはうなじを固くする民なのだ。7 あなたは
荒野であなたの神、主をどれほど怒らせたかを忘れずに覚えていなさい。エジプトの地を
出た日からこの場所に来るまで、あなたがたは主に逆らい続けてきた。8 あなたがたはホ
レブで主を怒らせた。それで主はあなたがたに怒りを燃やし、あなたがたを根絶やしにし
ようとされたのである。9 私が石の板、すなわち、主があなたがたと結んだ契約の板を受
け取るために山に登ったとき、私は四十日四十夜、山にとどまり、パンも食べず水も飲ま
なかった。10 主は、神の指で書き記された石の板二枚を私に授けてくださった。その上に
は、あの集まりの日に、主が山で火の中からあなたがたに告げられたことばが、すべてそ
のまま書かれていた。

8月の第三主日の礼拝にようこそいらっしゃいました。先々週がキャンプで、先週もキャンプ。私はますます色が黒くなったようです。暑い中ですが、今日もみ言葉に聞きたいと思います。この9章1節は「聞け、イスラエル」。以前6章にも出てきましたけれども、神がとても大切なことを伝えようとする時に「聞け、イスラエル」と呼びかけられるのです。今日は何を聞けと仰っているのか。その中心は3節です。

今日、知りなさい。あなたの神、主ご自身が、焼き尽くす火としてあなたの前を進み、彼らを根絶やしにされる。主があなたの前で彼らを征服される。（9・3）

「根絶やしにされる」という言葉が出てきます。ここは本当につまずきを覚えるようなところですけれども、以前お話ししましたとおり、神をそういうところに追い込んだのは私たちです。異邦人、つまりユダヤ人以外の人を滅ぼすことは、神さまにとって本当に激しい痛みを伴うことなんだけれども、そうしなければユダヤ人が滅びてしまう。この世界が神に立ち返ることができなくなってしまう。どちらかを取らなければならない、そういう激しい痛みの中で、神は本当に目をつぶって崖から飛び降りるようにしてユダヤ人を選ばれた。神をそこに追い込んだのは私たちの罪である、ということをまず覚えていたいと思うのです。今日の「聞け、イスラエル」という箇所で聞くべきことの第一は、戦うのは神だといことです。神が戦ってくださる。今からイスラエルはヨルダン川を渡って、約束のカナンの地へ入っていく。ですが、モーセはヨルダン川を渡ることはできない。もう死ぬのです。だからその前に遺言のようにして「これだけはどうしてもあなた方に、もう一度伝えておきたい」と語ったのが申命記。だから本当に大切なことばですよね。そのことばを胸に、イスラエルはヨルダン川を渡っていく。渡っていった先には何があるのか。

あなたは今日、ヨルダン川を渡って、あなたよりも大きくて強い国々を占領しようとしている。その町々は大きく、城壁は天に高くそびえている。あなたがよく知っているアナク人は、大きくて背が高い民である。あなたは「だれがアナク人に立ち向かえるだろうか」と言われるのを聞いたことがある。(9・1b〜2)

このヨルダン川の向こうには、石で作った高い壁で守られた砦のような町々があって、その住人たちは巨人のように大きくて力が強い人々。とてもかなうわけがない。イスラエルはそもそも遊牧民ですから、戦争に慣れているわけではありません。何か武器を持っているわけでもない。そういう人たちが手ぶらで、強固な城壁に囲まれた町々を攻め落とすなんて、本当に考えられないことです。不可能なことです。でも、戦うのはイスラエルではなくて、神さま。

今日、知りなさい。あなたの神、**主**ご自身が、焼き尽くす火としてあなたの前を進み、彼らを根絶やしにされる。主があなたの前で彼らを征服される。あなたは**主**が約束されたように、彼らをただちに追い払って滅ぼすのだ。（9・3）

「**主**ご自身が」「**主**が」と主語は神です。神が彼らを征服される。戦うのはイスラエルではない。神が戦ってくださる。私たちの場合も同じですね。しばしば大ピンチに陥ります。本当に人生よくもこんないろんなことがあるものだと思うくらい、次々と大ピンチに襲われます。病気、ケガ、経済的な困難、家族のトラブルや信仰上の問題。どこから手をつけたらよいのかさえわからないようなことばかり。高い壁があって、巨人のような敵がいて、どうしたらいいのかわからない。しかし、私たちが戸惑っている時にも、私たちの前を進んでおられるお方がいる。私たちが様々な困難にぶち当たる前に、そのお方が私たちの前におられます。ですから私たちよりも先にその困難にぶち当たってくださっているのが神ですよね。神が私たちの前に、私たちよりも先に進み、体当たりするようにして道を拓いてくださっている。神が共におられる。神が戦ってくださる。そんなこと、もう私たちは耳にタコができているほど聞いてきたかもしれない。しかし、聞き逃さないでいただきたい。これは本当のことです。だけどそのわりには、随分困難なことが続くことがあります。神が戦ってくださっているようには見えない。全部を自分自身で引き受けているように見える。でも、たとえそう見えたとしても、神が戦ってくださっている、そして道を拓いてくださっている、たとえそのように見えなくても。そのことを私たちは知っておく必要があります。

ヨルダン川を渡って向こう側で生きるということを、キリスト教会は伝統的に「クリスチャンになることだ」と解釈してきました。ヨルダン川のこっち側にいた人々が川を渡って、向こうの土地でクリスチャンとして生きてゆくのです。向こう側はカナンと呼ばれる、乳と蜜の流れる地。この蜜というのは蜂蜜のことではなくて、ナツメヤシからとれる蜜を指すようです。豊かな土地。祝福の土地。しかし今日の聖書の箇所を読むならば、そこは豊かだけれども、戦いのない地ではないことを覚えなければなりません。ヨルダン川の向こう側に、戦いがあるのです。クリスチャンになることは、戦いのない世界に入ることではない。悩みや痛みのない世界に入ることでもない。クリスチャンの生涯は、大きな祝福の生涯なのだけれども、同時に大きな戦いがある生涯です。このことを覚えなければならない。ひょっとしたら、クリスチャンにならなければしなくていい戦いもあるかもしれない。たぶんみなさん、もうすでに経験しておられることだろうと思います。だから、信仰は勇気を必要とする。ひょっとしたらヨルダン川のこっち側よりもっと大きな戦いがあるかもしれない、そういう世界へ渡っていかなければならなりません。ヨルダン川を渡るとは今まで慣れ親しんだ世界を後にすること。これまで見たことのない、経験したことのない大きな困難に直面するリスクがあります。危険を冒すと書くと「冒険」になりますけれども、クリスチャンの生涯というのはまさに冒険の生涯。確かにそこには危険がある、リスクがある。けれどもそれだけではなく、リスクを冒すことで初めて得られる大きな祝福がある。大きな、大きな祝福。ヨルダン川のこっち側にいたのでは想像することもできないような大きな祝福が待っている。でもそれは、リスクなしではないってことです。ヨルダンのこちら側でしゃがみ込んでいたのでは得られない大きな祝福が、川の向こうに待っている。そしてここにいる私たちのほとんどはもうヨルダン川を渡ってしまいました。渡ろうかどうしようかと悩んでいない。もう渡ってしまった。そしてクリスチャンであるがゆえのリスクと祝福を、もう私たちは味わい始めていると思います。

ヨルダン川を渡って、クリスチャンの生涯に入っていった私たち。神が前を進んで戦ってくださっています。でも、私たち自身が戦いに召されているということも事実なのです。3節をもう一度お読みします。

今日、知りなさい。あなたの神、**主**ご自身が、焼き尽くす火としてあなたの前を進み、彼らを根絶やしにされる。主があなたの前で彼らを征服される。あなたは**主**が約束されたように、彼らをただちに追い払って滅ぼすのだ。(9・3)

最後の文章の主語は「あなた」です。神が先に行かれる。でも、私たちにもなすべきことがあります。神が征服されるのだけれども、イスラエルにも役割があるのです。それは戦いというより、神が既に戦って勝ち取ってくださった勝利を収穫するような働き。ヨルダン川を渡った向こうの地、神が敵を追い払ってくださった地を自らの足で踏み、土地の境目を刻んで、自分のものにしていく。それがイスラエルのなすべきことです。

先週は教団の青年宣教大会が行われました。イースト（東）とウェスト（西）がありまして、イーストは福島県のシオンの丘に数十名、ウェストは湖西《こせい》いのりの家に百名以上集まりました。本当は火、水、木の予定だったのですが、台風が来るということで二日間に短縮されました。かえって密度の濃いよい集会になったかなと思います。青年同士の交わりが生まれ、互いに友となっていきました。講師は矢島志朗さん。キリスト者学生会ＫＧＫの副総主事（当時）をされている荻窪栄光教会の勧士《かんし》、つまり信徒説教者の方ですが、二回のメッセージをしてくださいました。今回は「主と共に生きる」というテーマだったのですが、サブタイトルが「今こそガチで臨在信仰」。ガチというのは若者言葉ですね。矢島さんが調べたところ「ガチンコ」の略で「小手先ではない」とか「正面からのぶつかり合い」という意味だそうです。そうすると「ガチで臨在信仰」とは、小手先ではなく本気で神に向き合う、正面から神とぶつかり合う、そういう信仰者でありたいということですね。小手先ではなく正面から向き合う時、神は深いところで私たちに語り掛けてくださる、その語りかけを聴こうということです。

私が矢島さんのメッセージの中で印象に残ったのは「神さまの臨在は機械的ではない」という言葉です。神は機械的ではない。例えば「これをしたら祝福する、しなかったら祝福しない」というのは機械的ですよね。毎朝、聖書を読んでディボーションをしたら祝福されて、しなかったら祝福されないというのは機械的。お祈りしたら、あるいは教会の奉仕をしたら祝福されて、しなかったら祝福されないとしたら、それも機械的ですよね。でも神さまはそんな機械的なお方ではないというわけです。機械的ではない神は、今朝聖書を読んでこなかった者もあわれんで抱きかかえ、造り変えてくださる。もちろんいっぱい聖書を読んできた者も祝福してくださるんだけれども、その祝福というのはもしかしたらさらなる訓練を与え、もっと成長させることかもしれない。機械的じゃないんです。事細かな法則のように、何時間お祈りしたらこうなるとか、そういうことじゃないんです。祈れない私たち、奉仕することができない私たちに、かがみこむようにして語りかけ、できるようにしてくださる。神さまは決して機械的ではありません。神はイスラエルの苦しみを知り、彼らをエジプトから救い出してくださった。イスラエルが正しいからではありません。見込みがあったからでもありません。むしろどちらかというと見込みのないイスラエルを、神さまは成長させてくださる。神はまた、どうしたことか、そんなイスラエルに使命を与えられる。世界の苦しみを知り、その破れを繕うために神と共に働くという使命を与えられる。ガチで臨在信仰、小手先じゃなくて正面から神に向き合って生きるということは、私たちがそれぞれに与えられた使命を果たすということでもあります。私たちそれぞれが置かれている地を耕すことによって、この世界が回復され、破れが繕われていく。正面から使命に生きる時に本当の幸い、本当の祝福がもたらされる。それは結構めんどうくさいし大変でもある。でも大変なことをしない人生が祝福かというと、そうじゃないだろうと思うんです。

神と共に進んでゆくときに、もう一つ心に留めなければならないことがあります。

あなたの神、主があなたの前から彼らを追い出されたとき、あなたは心の中で、『私が正しいから、主が私をこの地に導き入れ、所有させてくださったのだ』と言ってはならない。(9・4)

自分たちが正しいから、条件を満たしたから神が自分たちを祝福してくださったという思い違いをしてはならない、というのです。実際、そんなことは全然なかったわけです。

あなたが彼らの地を所有することができるのは、あなたが正しいからではなく、またあなたの心が真っ直ぐだからでもない。知りなさい。あなたの神、主は、あなたの正しさゆえに、この良い地をあなたに与えて所有させてくださるのではない。事実、あなたはうなじを固くする民なのだ。あなたは荒野であなたの神、主をどれほど怒らせたかを忘れずに覚えていなさい。エジプトの地を出た日からこの場所に来るまで、あなたがたは主に逆らい続けてきた。(9・5~7)

これ以降も延々と、イスラエルがいかに正しくなかったかということが記されています。逆らいどおしであった。荒野での四十年間、逆らいどおしであった。神さまにとっては忍耐し続けた四十年。しかしよく申しあげますように、神は「にもかかわらず」の神だと思うのです。イスラエルは正しくない、「にもかかわらず」、イスラエルを愛し続けてくださる神。イスラエルは神を愛さない、「にもかかわらず」、イスラエルを愛し続ける神。イスラエルの問題は「自分は正しい、条件を満たした、だから今の祝福が与えられたのだ」と考えることですよね。私たちもしばしば同じ思い違いに陥ります。私は信仰を持っているから祝福されているのだ。私が祈ったから、神がこのことをしてくださったのだ。私がささげたからこのように祝福してくださったのだ。私が礼拝を守っているから今の祝福があるのだ。そういう思い違いをする。その結果「だから私は今ここにいる、ここにいればいい」と言って座り込んでしまう。「うなじのこわい民」ってありますが、うなじというのは首筋のこと。こわいっていうのは、固くて動かないんです。牛や馬は手綱をつけて引っ張って進ませますよね。だけど首筋を固くして、引っ張れば引っ張るほど踏ん張って、テコでも動かない牛や馬もいる。そういうのを「うなじのこわい」牛や馬というのです。イスラエルもそうなんです。うなじがこわいんです。神は彼らを今よりももっと自由にして、今よりももっと祝福しようとする。今よりもっと喜びと使命にあふれて生きることができるようにしようとする。それなのに「いや、神さま、私はこれで充分です」と言ってしゃがみ込んでしまう。それが「うなじがこわい」ということです。

私たちもすぐに「私が今幸せなのは自分が正しかったから、自分がよくやったからだ」と思ってしまう。そして「神さま、もうこれ以上はいりません。あなたはもっと祝福を与えるっておっしゃるけれども、どうせ苦労もたくさんあるでしょう。もうもう、もういいです」と言ってうなじを固くして、首筋を固くして、神がどうしても見せたいと思っておられることから目をそむけてしまう。口を固く閉じて、神が味わわせようとしている喜びを拒んでしまう。「神さまもうこれで十分。私は今のままでいいです。もう私に干渉しないでほしい。もっと恵みを与えるなどと言って、私のそれなりに平和な、それなりに幸せな毎日をかき乱さないでください」と言ってしまう。そして、神の胸の中で生きることをやめてしまう。忘れてしまう。そういうことがあるわけです。

私って誰なんだろう。今日も礼拝の中で「私たちは私たちの本当の姿を知りません」というお祈りがささげられましたけれども、本当にそうだと思います。私とは何者なのか。神とは誰なのか。イスラエルはいつも「私とは誰なのか」というところに立ち返る必要がありました。イスラエルとは何者か。正しくないにもかかわらず、神がただあわれんで救い出し、それればかりか共に世界の破れを繕うパートナーとして召してくださった、それがイスラエル。神がどんなにしてでも、鍛え上げて、ご自分と共にこの世界を繕う者にしようとしている民ですよね。では、神とは誰か。神とは「にもかかわらず」の神。今日の説教の題は「何度でも、何度でも、何度でも愛」。係りの方が看板を書いてくださったんですが、よく見ると「何度でも、何度でも、何度でも」と四回書いてある。間違いじゃないんです。だって三回で終わるようなことじゃないですから。もっと書いていただいてよかったのですけれどもスペースがなかったんです。イエスさまは七の七十倍も赦せとおっしゃった。私たちの神はそんな神。何度でも、何度でも、何度でも愛して、赦して、回復して愛してくださる。正しくない私たち、簡単に座り込んでしまう私たち、「神さまもういい、後は一人で行ってくれ」と、そのように言ってしまう私たちを、何度でも、何度でも、何度でも愛してくださる。「にもかかわらず」の神。それがイスラエルの神であり、私たちの神です。

「キリスト・イエスは、罪人を救うためにこの世に来られた」ということばは、真実であり、そのまま受け入れるに値するものです。私はその罪人のかしらです。

（第一テモテ1・15）

「私は罪人だ、いや、罪人のかしらだ。でもキリストはこの罪人である私を救うために、神であるにもかかわらず、この世に来てくださった。神であるにもかかわらず、死んでくださった。神であるにもかかわらず、私たちを生かすためにご自分を与えてくださった。」パウロはそう記したのです。だから私たちはこの「にもかかわらず」の神を喜び、自分がダメだと思う時に、神さまは「にもかかわらず」の神だと思い出す必要があります。私はダメだ。にもかかわらず、私を愛し、私を立たせ、私のために、私と共に世界を繕ってくださる神です。「にもかかわらず」の神を喜び、「にもかかわらずの神さま」と共に生きようではありませんか。

と言って、いつもはここでメッセージを終えるわけです。ところがですね、時々「じゃあ一体私は何をしたらよいのですか」という声を聞くことがあるわけです。「何をしたらいいんですか。」おそらく期待されている答えは「そうですねぇ、もっと祈りなさい、もっと献金しなさい、もっと聖書を読みなさい、もっと礼拝を守りなさい、もっと伝道しなさい」とかそういうことでしょう。そんな言葉を聞けば、取りあえず落ち着かれるんだろうとは思うのです。でも、みなさんはそんなこと、もうよくご存じじゃないですか。私があえて申し上げるようなことじゃないと思うのです。問題は、知っているけれどもできないというところなんです。神は、聖書は、「まだ足らない」といって私たちを駆り立てるのか。私たちは毎週、毎週、礼拝に来る度に「やっぱりまだ足りなかった、もっと、お祈りしなきゃ」といって罪悪感や焦りに駆り立てられるのか。それを一生繰り返すのか。神はそんなことは望んでおられません。聖書が語っていること、神さまが語っておられることはこうです。「あなたは確かに足らないだろう。できないだろう。にもかかわらず、私の胸の中であなたは生きることができる。にもかかわらず、私がそうするからだ。」

神の胸の中で生きる。そして、神の胸の中で、神の体温を感じながら、世界の破れを神の目線で見て、思い巡らす。神の胸の中で、神の鼓動っていうのか、息遣いというのか、それを感じながら、この世界を眺めながら神の痛みを感じる時に、祈りが生まれる。祈りが生まれる。「祈りなさい」と言われて、「祈らなくちゃいけないから」という義務感から祈る祈りは続かないと思うのです。神の胸の中にとどまる時に、祈りが生まれる。ささげる思いが生まれる。聖書を読みたくなる。そして遣わされていくことができる。

ひと言お祈りします。

恵み深い天の父なる神さま。この朝もあなたの静かな語りかけを、私たちに聞かせてくださったことと信じます。あなたは「にもかかわらず」の神さま。自分を責めるというのでもなく、いろんなことを考えるということでもなく、ただあなたの胸に身を投げ、あなたの温かさの中で、あなたの鼓動の中で、どうかあなたと共に生きる者としてここから遣わしてくださいますように。尊いイエス・キリストのお名前によってお祈りいたします。アーメン。

# 空の星のように

聖書　申命記10章12～22節
12イスラエルよ。今、あなたの神、主が、あなたに求めておられることは何か。それは、
ただあなたの神、主を恐れ、主のすべての道に歩み、主を愛し、心を尽くし、いのちを尽
くしてあなたの神、主に仕え、13あなたの幸せのために私が今日あなたに命じる、主の命
令と掟を守ることである。14見よ。天と、もろもろの天の天、地とそこにあるすべてのも
のは、あなたの神、主のものである。15主はただあなたの父祖たちを慕って、彼らを愛さ
れた。そのため彼らの後の子孫であるあなたがたを、あらゆる民の中から選ばれた。今日
のとおりである。16あなたがたは心の包皮に割礼を施しなさい。もう、うなじを固くする
者であってはならない。17あなたがたの神、主は神の神、主の主、偉大で力があり、恐ろ
しい神。えこひいきをせず、賄賂を取らず、18みなしごや、やもめのためにさばきを行い、

寄留者を愛して、これに食物と衣服を与えられる。[19]あなたがたは寄留者を愛しなさい。あなたがたもエジプトの地で寄留の民だったからである。[20]あなたの神、**主**を恐れ、主に仕えなさい。主にすがり、御名によって誓いなさい。[21]この方こそあなたの賛美、この方こそあなたの神であって、あなたが自分の目で見たこれらの大いなる恐るべきことを、あなたのために行われた方である。[22]あなたの父祖たちは七十人でエジプトへ下ったが、今や、あなたの神、**主**はあなたを空の星のように多くされた。

9月の第一主日の聖餐礼拝にようこそいらっしゃいました。先週は交換講壇で吉田美穂先生がいらして恵みの時が持たれたとお聞きし、嬉しく思っております。私は知多教会で語らせていただき、ご馳走に与ったのですけれども、こちらではタコライスが出たということですね。帰ってきた頃にはもう売り切れていて、食べたかったですね。また機会がありましたら作っていただきたいと思います。

今日は申命記の10章ですけれど、ここに先立つ9章ではモーセが、シナイ山でイスラエルが金の子牛を造って拝んだ時のことを振り返っています。

私は向きを変えて山から下りた。山は火で燃えていた。二枚の契約の板は、私の両手にあった。私が見ると、見よ、あなたがたは自分たちの神、主の前に罪ある者となって、自分たちのために鋳物の子牛を造り、主があなたがたに命じられた道から早くも外れてしまっていた。それで私はその二枚の板をつかみ、両手でそれを投げつけ、あなたがたの目の前でそれを打ち砕いた。（9・15～17）

**神の愛のことば**が記された、大切な二枚の石の板。モーセは山から下りてくる時、これをどんなにか大切に抱えて降りてきたかなぁと思います。たとえ自分が転んでも、怪我をしても、この石の板は絶対傷つけないように、胸に抱えたり頭の上に掲げたりしながら降りてきたのだろうと思うのです。神の愛のことばが記された、大切なラブレターですよね。ところが、山の麓でイスラエルが自分たちで作った子牛を拝んで騒いでいるのを見て、モーセの心が砕けたのでしょうか。悲しみに引き裂かれたのでしょうか。大切な石の板を叩きつけて壊してしまった、粉々にしてしまった。粉々になって見る影もなくなった石の欠片《かけら》、それはまるでモーセの砕けた心、さらに神さまの痛みを表しているようにも見えたと思うのです。しかし、神の愛はあまりに深い。イスラエルがどんな罪を犯したとしても、本当の神に背を向け、金の子牛を造ってそれを神だと言って拝んだとしても、神さまのイスラエルへの愛はあまりにも深いから、どんなに裏切ったとしても、神の愛を振り切ることはできない。私たちへの愛も同じですよね。どんなに逃げ出したとしても、裏切ったとしても、私たちに神さまの愛を振り切ることはできない。

そのとき、主は私に言われた。「前のような石の板を二枚切って作り、山に登り、私のもとに来い。また木の箱を一つ作れ。その板の上に、わたしは、あなたが砕いた、あの最初の板にあったことばを書き記す。あなたは、それを箱の中に納めよ。」(10・1〜2)

神がもう一度、愛の手紙を書くとおっしゃってくださった。思えばいつも、神さまはラブレターを書いてくださっているのです。破られても、破られても、なお私たちに愛のことばを書き続ける神さまです。それが集まったのが聖書。私たちに手紙を破られても、破られてもなお「いや、私はあなたを愛している」と語り続ける。それが神というお方なのです。そんな神の思いを知るモーセが、今、ヨルダン川を渡ろうとしているイスラエルにこのように語ります。

イスラエルよ。今、あなたの神、主が、あなたに求めておられることは何か。(10・12)

あなたに今、神は何を求めておられるであろうかと。聖書が「今」という時、ただその当時ヨルダン川の手前にいたイスラエルに語りかけているだけではないですよね。生ける神のことばはいつも「今」なのです。この教会の礼拝に集っている私たちにも「今」と語りかけられているのです。

信仰とは何でしょう。ごくごく簡単にいうならば、神の胸の中で生きることだと思います。信仰とよく似た言葉で信念というのがあります。信仰と信念。似ていますが全然違います。信念というのは自分の思いを貫くことですよね。私たちは時に「神さまは絶対おられるんだ、イエス・キリストは絶対に神さまなんだ、私の祈りを絶対に聞いてくださるんだ」と思います。そして、そういったことを疑わないで貫くことが信仰だと思ってしまうことがある。もちろん、間違ってはいないです。神は確かにおられる。イエス・キリストは神です。そして神は私の祈りを聞いてくださる。みんな正しい。ただ神の胸の中で生きるということは、単に正しいことを言い続ける以上のこと。信仰というのはそれ以上のことです。何か、自分がかつて信じたこと、かつてわかったことをただ繰り返す以上のことです。今、あなたの神、主が、あなたに求めておられることは何か。今、神さまは何を求めておられるのか。信仰とは、今、神に尋ね、今、神の御言葉に新しく聞いて、それに応答してゆくことです。今、聞くのです。今、応答するのです。主に「今、あなたが私に求めておられることは何ですか」と尋ねる。そして今、生き生きとした神さまの語りかけを聞く。今日には今日の応答がある。周りにクリスチャンのほとんどいない異教世界に生きているので無理もないと思うのですけれども、私たちは自分の信仰がなくなりはしないかと不安になって、自分の知っていることを固く握りしめやすいと思う。しかし、それ以上のことを神さまはしてくださる。ただの信念ではない。「私の信念はこうだから、これだけ握っていれば大丈夫」というようなことではないのです。そうではなくて、いつも「神さま、あなたは私に今、何を望んでおられるのですか。今私に何を知ることを求めておられるでしょうか。それが、まだ私の知らないことだったら、今、それを教えてください。もしそれが私の理解を超えるようなことだとしても、あなたの力によってそこへ進ませてください。進むうちにわからせてください」と、そのように今、神の胸の中で生きる。それが信仰だと思います。

では、主があなたに求めておられること、それは一体何であるのか。

イスラエルよ。今、あなたの神、**主**が、あなたに求めておられることは何か。それはただあなたの神、**主**を恐れ、主のすべての道に歩み、主を愛し、心を尽くし、いのちを尽くしてあなたの神、**主**に仕え、あなたの幸せのために私が今日あなたに命じる、**主**の命令と掟を守ることである。（10・12〜13）

ずいぶんたくさんあるように見えますね。次の五つのことが書いてある、という読み方もできます。（1）主を恐れ、（2）主のすべての道に歩み、（3）主を愛し、（4）心を尽くし、いのちを尽くしてあなたの神、主に仕え、（5）主の命令と掟を守る。でも、これらはバラのことを言っているのではなく、実は全体でひとつのことを語っています。中心は（3）**主を愛する**、ということで、残りの四つはその内容について語っています。主を敬い、恐れ、主に仕え、この主の愛の御言葉を守り、主の道に歩むこと。**中心は神を愛することです**。神が、今、私たちに求めておられることは何か。それは神を愛すること。

そう申し上げると「また言ってるな。毎回そう言うじゃないですか」という方もいらっしゃるかもしれません。でも、毎回そうなんです。信仰とは神を愛すること。聖書にそう書いてあるのです。牧師の説教には何も新しいことがないなと思われるかもしれない。けれども、私たちが礼拝に集うのは新しい知識を身につけるためではないですよね。知識は人を高ぶらせます。けれども礼拝は出来事です。私たちが神の胸の中でこうして仲間と共に礼拝をささげる、それがここで今起こっている出来事です。この中で、神が私たちに触れていてくださっている。毎週、毎週、礼拝に来て、同じような説教を聞く。その中で毎週、毎週、神に触れていただいて、神の体温で温めていただく。そういう中で私たちは神を知り、神を愛することを知っていく。新しい知識を得るのではありません。そうではなくて、もうすでに聞いていることをもっと深く知る、体験する、身に着ける。それが、私たちが礼拝に集う意味です。

「神さまを愛するっていうけれど、愛するってどういうことですか。抽象的でよくわかりません」とよく聞かれます。**愛することは、大切にすることです**。神は私たちに「わたしを愛して、大切にしてほしい」とおっしゃいます。でも、大切にしてほしいというのは、どこか高い所に祭り上げて、敬遠して、遠ざけるということでは決してありません。

**主**はただあなたの父祖たちを慕って、(10・15)

こういうところを読むと本当に胸が熱くなるような気がします。「慕う」なんて、そんな言葉を神は私たちに使われるんだって。「慕う」。まず神さまが慕って愛して大切にしてくださっている。裏切っても、裏切っても振り切ることのできない愛をもって、愛し続けてくださっている。その上で「あなたもわたしを愛してほしい」とおっしゃるのです。神と人とが互いに愛し合い、互いに与え合う。そういう生き方を望んでくださっている。高い所に祭り上げられて、なんとか大明神と言われて喜ぶ神さまではない。そうではなくて私たちと同じところ、同じ痛みの中で愛し合うことを願ってくださっている。私たちはそのように生きる時が一番幸せなのだということを神は知っておられるのです。それは、私たちをそのようにお造りになったからです。神はご自分の形に似せて私たちを造られたから、私たちは与える時に最も幸いを感じる。そのような存在なのです。神は私たちが与える生き方をするために、御子イエスを遣わしてくださいました。十字架にかかり、復活の命によみがえってくださったイエス・キリストが私たちにそんな新しいいのちを注いでくださる。神はただ愛するようにと命じるだけじゃなくて、私たちが本当に愛することができるようにしてくださる。私たちは元々そういうことができる一人ひとりではないけれども、それでも御子が注いでくださったよみがえりのいのちによって愛する者にされたということを覚えていたいと思うのです。申命記は神を愛する生き方を、ちょっと独特で不思議な言葉で表現しています。

あなたがたは心の包皮に割礼を施しなさい。
もう、うなじを固くする者であってはならない。（10・16）

心の包皮に割礼を施しなさい、と。割礼は元々イスラエルの男性に与えられた、神の民であることのしるしです。神さまの憐れみに生きる民であるというしるし。イスラエルがよい民だから神の民となったのではない、どうしようもないイスラエルが、ただ神の憐れみによって選ばれたことのしるしが割礼です。ところが、その割礼が心を頑なにしてしまうことがある。16節に「うなじを固くする者であってはならない」とありますけれども、「うなじが固い」という言葉は先日も出てきましたね。家畜をこっちへ連れて行こうと引っ張っても、首筋を固くして、地面にへばりついて動こうとしない。うなじが固い。神が「さあ、ここはもういいからもっと祝福のある所へ行こう、もっと祝福を与えるから」と言われるんだけど、首筋をかたーくして嫌がり、そこを動こうとしない。それが「うなじが固い」ということです。「私たちがこの祝福を他の人々に注ぎ出すっていうのは、ちょっとねえ……。私はここで十分喜んでるんですけど、それじゃあダメですか。」イスラエルもそういうふうに言って、しばしばうなじを固くして、そこに留まろうとしたのです。引っ張ってもうずくまって、そこから動こうとしない。神は「いや、わたしはあなた方を祝福の基《もとい》とする。あなたがたに今までみたことがない景色を見せてあげよう。今まで下を向いてきたあなた方が見たことのない絶景を見せたいんだ。諸国の民があなた方を通して神さまを崇め、愛し、仕え、愛し合うという素晴らしい眺めを見せてあげよう」と繰り返し言われる。「そのためにわたしと一緒に世界の破れを繕ってくれないか」とおっしゃってくださるのだけれども、イスラエルは「いや、もう十分です。もうこれ以上進みたくありません。世界の破れを繕うなんて、そんな大それた祝福、私には要りません」と言い続けた。彼らは割礼を受けていたのに、その割礼は何か自分たちの特権のしるしのようなものだという理解になってしまった。

イスラエルばかりではないかもしれません。私たちもまた、しばしば神の祝福に制限を設けようとするかもしれない。私たちは、神に選ばれてこうしてキリスト者とされていることには感謝します。でも、それ以上のことはあまり気乗りがしないのです。「もう、ここまでで十分です。これ以上のことは要りません」。そういって神の祝福を小さくしてしまうということもあるかもしれない。でも神さまはそんな私たちに「もううなじの固い者であってはならない」とおっしゃる。「さあ、前に進もうよ。一緒に今まで誰も経験したことがないような、想像したこともないような祝福を味わい喜ぼう」とおっしゃる。全地が神をたたえる、そのために神と共に働くという祝福です。

あなたがたの神、**主**は神の神、主の主、偉大で力があり、恐ろしい神。えこひいきをせず、賄賂を取らず、みなしごや、やもめのためにさばきを行い、寄留者を愛して、これに食物と衣服を与えられる。あなたがたは寄留者を愛しなさい。あなたがたもエジプトの地で寄留の民だったからである。(10・17〜19)

神は世界の主、主の中の主である。その大きな力を、イスラエルだけではなく世界のすべての人々の祝福のために用いられます。イスラエルの中に住んでいる、寄る辺《べ》のない寄留者も愛してくださる、そういうお方です。

サッカーではキャプテンのつけるキャプテンマークがありますけれども、割礼とはあのようなものではないでしょうか。ピンチの時には、キャプテンを見ればいい。チャンスの時にも、キャプテンを見ればいい。よいキャプテンはみんなを励まし、ゴールを指し示す。苦しい時こそ、キャプテンは「ここを見ろ、神さまを見上げろ」と指し示す。同じように世界の人々は、イスラエルを見て神を思い出すことができるのです。神の胸の中で、神の体温に温められながら生きるということがどういうことなのか、キャプテンであるイスラエルを見ればそれがわかる。私たちクリスチャンは肉体に傷をつけるような割礼はしません。でも神は私たちにキャプテンマークをつけてくださる。私たちはキリストのものです。私たちがそのキャプテンマークを身につけて、世界に神を指し示すことを、神は願っておられます。新約聖書ローマ人への手紙をお開きしましょう。

外見上のユダヤ人がユダヤ人ではなく、また外見上のからだの割礼が割礼ではないからです。かえって人目に隠れたユダヤ人がユダヤ人であり、文字ではなく、御霊による心の割礼こそ割礼だからです。その人への称賛は人からではなく、神から来ます。

（ロマ2・28〜29）

ユダヤ人とはイスラエルのことですが、パウロはローマ教会のユダヤ人たちに、肉体の割礼ではなく心のキャプテンマークを身につけろと言っている。痛みに破れに苦しむこの世界に神を指し示し、その破れを繕う先頭に立つキャプテンでありなさいと語っています。私たちのことですよね。神がそのように、世界のキャプテンになるようにと私たちを招いてくださっています。

先週は吉田先生が来られて、〝福音のいのちに生きるとはどういうことか〟について語られたと聞きました。本質的なことが語り合われたと聞いて、とても嬉しかったです。福音のいのちに生きるとはどういうことなのか。一言では語りきれない豊かな内容を含んでいると思います。福音のいのち。主イエス・キリストが私たちに与えてくださった新しいいのちを喜ぶ。ただ、ただ喜ぶ。確かにそれも、いのちに生きることのひとつの側面だと思います。でも、ただ喜ぶだけではなく、喜ぶ中でイエスが与えてくださるいのちによって私たちが癒されていく、癒されつつあるということも、福音のいのちに生きるということです。そして、そのいのちの中で自分も解き放たれていく。今まで逃れることができなかった痛みや悲しみ、また赦せない思いや自分の弱さ、誘惑、罪、そういうところから癒されつつ解き放たれていく。成長させられ続けていく。それもまた福音のいのちに生きるということの大切な部分だと思います。「福音のいのちに生きる人は具体的に毎日何をして生きるのですか」と問われるならば、それはそれぞれが置かれた場所で、神の痛みを感じながら互いに覆い合い、執り成し合い、赦し合いながら世界の破れを繕っていく。そういう丁寧な生き方が福音のいのちに生きる生き方だと思います。神と一緒に自分を注ぎ出し、世界の痛みの中に喜びを産み出す、そういう生き方ですよね。申命記10章にはこのようにあります。

あなたの父祖たちは七十人でエジプトへ下ったが、今や、あなたの神、**主**はあなたを空の星のように多くされた。(10・22)

ここは、神さまが喜びの声を上げておられるような、そういうところだと思うのです。神はイスラエルが、そして私たちが、空の星のようであることを喜んでおられる。それはただ単に数が多いということだけではありません。数が多いというだけなら、星にたとえる必要はなくて、雑草でもいいんです、「雑草が生い茂るように増え広がるように」とか。しかも、イスラエルは増え広がるだけでちっとも神さまの心がわかりません。でも神は、イスラエルが雑草のように増え広がっているとはおっしゃらない。空の星のようだと。ひょっとしたら、夜空の星座のようなものかもしれない。それぞれが星座の中に置かれている。それぞれの置かれた場所で福音のいのちを輝かせている。そのことを神が喜んでおられる。そして「増えよ、なお増えよ」と、私たちを通して日々、福音のいのちの輝きが周りの星々にも広がってゆくこと、広がりつつあることを本当に喜んでくださっています。短くひと言お祈りします。

恵み深い天の父なる神さま。このような者たちを、あなたは空の星のようにと、そのように喜んでくださっていることをありがとうございます。私たちもあなたを喜びます。あなたのものです。あなたと共に生きます。あなたが与えてくださろうとしている祝福をどうかありったけ、私たちがわからなくても、私たちに怖気づく思いがあっても、どうか注いでくださいますように。尊いイエス・キリストのお名前によってお祈りいたします。アーメン。

# 心とたましいに刻むことば

聖書　申命記11章2～7節

[2]今日、心得なさい。あなたがたの子どもたちが、あなたがたの神、**主**の訓練を、その偉
大さを、その力強い御手と伸ばされた御腕、そのしるしとみわざを経験し目撃したわけで
はないことを。[3]主がエジプトで、エジプトの王ファラオとその全土に対してなさったこ
と、[4]またエジプトの軍勢とその馬と戦車に対してなさったこと、すなわち、彼らがあな
たがたの後を追って来たとき、葦の海の水を彼らの上にあふれさせ、**主**がこれを滅ぼして、
今日に至っていること、[5]またあなたがたがこの場所に来るまでに、荒野であなたがたに
対してなさったこと、[6]またルベンの子エリアブの子である、ダタンとアビラムに対して
なさったこと、すなわち、イスラエル全体のただ中で地がその口を開け、彼らとその家族、
その天幕、また彼らにつく生けるもののすべてを呑み込んだことなど、[7]これら**主**がなさっ

た偉大なみわざのすべてを自分の目で見たのは、あなたがたである。

9月第三の日曜日となりました。敬老礼拝へようこそいらっしゃいました。先週は私が松本へ行っておりましたので、明野キリスト教会では水川武志先生をお招きしました。大変幸いな礼拝が持たれたとお聞きして、喜んでおります。私も松本福音めぐみ教会で素晴らしい礼拝をささげることができました。お祈りに感謝しております。

ずっと読み進めておりますす申命記ですけれども、11章までまいりました。久しぶりなのでちょっと振り返ってみますと、これは今から3400年くらい前のことです。今が大体紀元2000年ですから、紀元前1400年ごろのことです。そのころイスラエル、つまり今のユダヤ人はエジプトで奴隷になっていて、重労働に喘ぐような苦しい生活を送っていました。彼らは助けを求めて神に叫ぶわけです。その叫びを聞いて、神はモーセという人をリーダーとして送りました。イスラエルの人々は彼に率いられてエジプトを脱出し、今のイスラエルがあるカナンの地へ向かうのです。その途中には、紅海を二つに割けるという有名な場面もあります。海を渡った後、イスラエルは荒野、つまり岩石砂漠を40年間もさまようことになります。食べるものが何もないところですけれども、神さまはマナというパンのようなものを毎朝降らせて40年間、彼らを養われ、また水がなければ岩から水を湧き出させて飲ませてくださいました。

その40年が終わり、イスラエルがいよいよヨルダン川を渡りカナンの地、今のパレスチナに入ろうとしています。その時「もう自分には死が近い、もう自分はヨルダン川を渡れない」と知った指導者モーセが、最期に神の言葉をイスラエルに語ります。「これだけは知らせておかなければならない」ということを丁寧に語るわけです。それが、今読んでいる申命記です。

語ったのはモーセですが、聞いていたのはどういう人たちか。実は、出エジプトの時に大人だった人たちは40年の間にみんな死に絶えているわけです。だからこのモーセ最後のことばを聞いた人たちというのはエジプトから出た時に子どもだった人たち、それから荒野の40年間に生まれた人たち。こういう人たちがこのことばを聞いているわけです。

今日、心得なさい。あなたがたの子どもたちが、あなたがたの神、**主**の訓練を、その偉大さを、その力強い御手と伸ばされた御腕、そのしるしとみわざを経験し目撃したわけではないことを。（11・2）

子どもの時にエジプトから出てきて、荒野で大人になった人たち。モーセは彼らに向かって「あなたがたは、神さまの御業の何を目撃したのか」と言っている。何を目撃したのか。彼らが目撃したことはたくさんありますけれども、ここでは特にふたつのことが挙げられています。

主がエジプトで、エジプトの王ファラオとその全土に対してなさったこと、またエジプトの軍勢とその馬と戦車に対してなさったこと、すなわち、彼らがあなたがたの後を追って来たとき、葦の海の水を彼らの上にあふれさせ、主がこれを滅ぼして、今日に至っていること、(11・3〜4)

先ほど言いましたように、イスラエルの人たちは紅海が二つに分かれて乾いた道を渡ったのです。映画などで見るように水が両側に壁のようになっている、そういうところを渡っていくわけです。そこをエジプトの軍隊が追いかけてくるのだけれども、イスラエルが通り抜けると水が戻ってきて、彼らは滅ぼされてしまう。そういうことが起こった。エジプトで重労働に喘ぐイスラエル。その叫びを神が聞いてくださった。神が小さな人間の叫びを聞いてくださるなんて不思議なことだと思うけれども、まるで苦しむイスラエルの上に身をかがめるようにして、神は叫びを聞いてくださった。私たちが「神さま、聞いてください、神さま助けてください」と叫ぶとき、神は確かに聞いてくださっているということですよね。こんな小さなことを神が本当に聞いてくださるのかと思いがちですけれども、神は身をかがめるようにして聞いておられます。

神はイスラエルをエジプトから救い出してくださった。ですから、イスラエルの人々は神のあわれみを知っている。神は彼らを胸に抱きしめるようにして、救ってくださった。奴隷生活の中では自分のことで精一杯で、心が冷たくなってしまって、仲間を愛したり労わったりするなんてとてもできなかった。心が麻痺していたようなイスラエル。神は彼らを、まるでご自身の胸の中で温めるようにして、その体温で人間らしい心、人間らしい生き方を彼らに取り戻してくださった。これが、彼らが目撃した第一のことです。

彼らが目撃した第二のことは、5節から書かれています。

またあなたがたがこの場所に来るまでに、荒野であなたがたに対してなさったこと、またルベンの子エリアブの子である、ダタンとアビラムに対してなさったこと、すなわち、イスラエル全体のただ中で地がその口を開け、彼らとその家族、その天幕、また彼らにつく生けるものすべてを呑み込んだことなど、（11・5〜6）

ダタンとアビラム、聞き慣れない名前ですけれども、ちょっと一箇所、民数記を開いていただきましょうか。

モーセは人を遣わして、エリアブの子のダタンとアビラムとを呼び寄せようとしたが、彼らは言った。「われわれはいかない。あなたは、われわれを乳と蜜の流れる地から連れ上って、荒野で死なせようとし、そのうえわれわれの上に君臨している。それでも不足があるのか。しかも、あなたは、乳と蜜の流れる地にわれわれを導き入れず、畑とぶどう畑を、受け継ぐべき財産としてわれわれに与えてもいない。あなたは、この人たちの目をくらまそうとするのか。われわれは行かない。」（民数記16・12〜14）

エジプトで彼らは奴隷であって、そこで泣き叫んでいた。そのエジプトを「乳と蜜が流れる素晴らしい場所だった」と、なぜかこういうふうに言うわけです。「今、私たちは父と蜜の流れる地、そういう豊かな土地に向かっているというけれども、全然着かないじゃないか。あなたは私たちを荒野で殺すために連れ出したのだろう」とひどいことを言っているわけです。彼らはモーセに向かってこう言っているわけですけれども、彼は神に遣わされた人ですから、実はタダンとアビラムは神に向かって文句を言っているわけです。その結果、地面に裂け目が開いて、彼らは飲み込まれてしまったと書いてあるわけです。

こういうところを読むと私たちは、神ってひどいな、恐ろしいなと思うわけです。こんな恐ろしい神には近づかない方がいいかな、あるいは、こうならないように逆らわないようにしようかな、と思ったりするかもしれない。でも実際は神に従う、神と共に歩くということは脅されてできることではないです。どんな時でも神と共に歩く、ということは脅されて、あるいは「共に歩いたらこういうよいことがあるよ」と報酬に釣られてできることではありません。そこに、自分の中から湧いてくる神を大切に思う気持ちがなかったら、神と共に歩き続けることなんかできないわけです。

先週、私は松本の礼拝でノアの箱舟の箇所からお語りしました。とても、不思議なことがあったのです。まだ洗礼を受けていない方が何人かおられたのですが、その中のお一人で、

40年教会に来てるけど洗礼は受けていないという方がいました。後からわかったのですが、その方はノアの箱舟の話を読んで、こんな大洪水を起こすなんてひどい神だと思い、それ以来、なんかこう、いまひとつ神に近づく気になれない。でも離れる気にもなれなくて教会に集ってはいる、という方だったのです。私はそんなことは知らずにノアの箱舟から語ったのです。あの洪水の時、神さまには三つの選択肢があったとお語りしました。あの時代は人々が好き放題やって互いに殺し合い、結婚生活も乱れている、そのような時代だった。神さまには「じゃあもう、わたしから遠ざかってダメになった世界、互いに傷つけ合っているこんな世界は全部滅ぼしてしまおう」という選択もできました。だけど、神が世界を、そして私たちを造ったのは、私たちと愛し合うため。私たちと共に生きるため。共に喜ぶため。誰もいなくなってしまったら、それは本当に痛いこと。また神は永遠のお方ですから、永遠に後悔し続けるはずなのです。だからそれはできない。一つ目の選択であるすべてを滅ぼしてしまうことなど、愛である神にはできないわけです。二つ目の選択は、滅ぼさないでそのままにしておくというもの。でもこの時、神と共に歩いていたのはノアとその家族だけだったのです。神に背を向けた愛なき世界の振る舞いが、言葉が、思いが彼らを取り巻いていた。そのままにしておくとやがてノアたち一族も恐らくそこに飲み込まれていくにちがいない。神にはそれを見ていることもできない。ではどうしたらいいのか。本当にジレンマの状態です。

そこで神は三番目の選択をした。それは「ノアとその子孫に賭ける」という選択。もちろん、他の人々を滅ぼさなければならないというのは、神にとって本当に大きな痛みなのだけれども、大きな痛みとジレンマの中で、それでもノアに賭けた。そして、神と共に歩く人々が増えるようにという願いを、ノアとその子孫に託した。「神さまが賭ける」ということはとても不思議な言い方だと思います。すべてをご存知で、何でもできる神が、どうして賭けなければいけなかったのか。でも、聖書を読んでいますと、神さまはいつも賭けているのです。最初にアダムとエバを造った時、神は彼らがご自身を選び続けることに賭けた。でも彼らは背を向けた。そして、その子のカインとアベル。お兄さんのカインが弟アベルをねたんで殺そうとしたときに、雷でカインを撃ち殺すようなことはなさらなかった。あなたは思いとどまらなければならないと説得した。賭けたのです。カインがご自分に従って、アベルを殺さないことに賭けた。でも、彼は弟を殺してしまった。

ノアとその子孫はどうなったか。世界はそのあと、みんな神に従うようになったのかというと、全然そうはなっていない。その後どのようなことがあったか。原爆があった。ホロコーストがあった。じゃあ神はノアとその家族への賭けに負けたのか。そうじゃないんです。

そうじゃなくて、ノアの子孫からやがてマリアという女性が生まれます。そのマリアの体からイエス・キリストが生まれた。この方は神です。神が人となった。そして十字架の上で愛を貫き、神に背を向けていた私たちを神と和解させ、神の元に取り戻し、そして神の体温の中で、神の胸の中で生きる者、多くの者たちがイエス・キリストを通して、神の胸の中で生きることができるようにしてくださった。一見賭けに負けたかのように思える神なのだけれども、その時ご自分が徹底的に責任を取られた。神ご自身が人となって、唾をかけられ、鞭打たれ、そして十字架にかかって、この世界の暗闇に打ち勝ってくださった。私たちにいのちを与えてくださった。だから、ノアの箱舟は世界がほとんど滅ぼされてしまったというひどい話のように思えるけれども、本当はそうじゃない。これは神の愛の物語なんだ。神さまが痛みながら、どこにも行き場がないような絶体絶命の中で愛を貫かれた、愛の物語だとお語りしました。そうしたら、その40年間教会に来ている方が、うなずいていました。

ダタンとアビラムの箇所も、神に背を向けた人が地面の裂け目に飲み込まれたという痛々しい話なのだけれども、でもそれもまた、神の愛の物語なのです。彼らはモーセに、そして実は自分たちを救ってくださった神に対して「よくも余計なことをしてくれたな」と言っているわけです。「エジプトにいたかったんだ。あそこは、乳と蜜の流れるよい所だったのだ。

あそこにいたかったのに、あのままでいた方がよかったのに、お前はこんな所まで私たちを引っ張り出して、ここで死なせるつもりか」と、そう言った。神の愛に背を向けて、神の愛を踏みにじるようなことをした。ここでも神は何とも言えないようなジレンマにいるわけです。彼らをそこで滅ぼしてしまうという選択肢もある。しかし、彼らを愛している、愛である神さまにとって、それは本当に耐えがたいような選択なんです。だってそういう思いを抱くような人々をも救い、40年間ここまで導いてこられたわけですから。

だけど、彼らはイスラエルの他の人々に呼びかけたんです。一緒に神に背を向けようと言ったのです。彼らにはコラという仲間がいました。

コラは、二人に逆らわせようとして、全会衆を会見の天幕の入り口に集めた。
(民数記16・19)

二人というのは、モーセとその兄アロンのことです。コラは全会衆を集めて「みんなモーセとアロンに従うな。彼らが、神さまが乳と蜜の流れるカナンの地に連れてゆくことなど信じるな」とそう言った。人々の心はやっぱりなびいただろうと思うのです。だから神はコラと共に、ダタンとアビラムたちを滅ぼさなければならなかった。イスラエルが心がくじけてしまうことがないように。イスラエルがカナンの地に行くのは、ただ彼らが幸せになるためだけではないんです。それは彼らを通して世界が祝福を受け、世界が神を知るためです。世界は本当に破れてしまっている。神と人との間が破れ、人と人との間が破れ、また人と世界の間が破れている。「人と世界の間が破れている」というのは、人が動物を思いのままに殺して絶滅させてしまったり、環境を思いのままにしたりして破壊してしまったりということ。本来は愛によって世界をケアするために造られた人間が、ただ世界を貪ってしまうというようなことが起こっているわけです。

世界には三つの破れがある。神と私たちとの愛が破れた。私たちと隣人との間の愛が破れている。私たちと世界の間の愛が破れている。でも四つ目にもう一つ付け加えるなら、自分と自分との間の関係が破れている。私たちは自分をちゃんと愛することができない。本当は神に造られた者として自分を認め、愛することができるはずなのです。ところが私たちは二言目には、人と自分を比べて「自分はダメだ」と言う。「自分なんかがいてもしょうがない」と思ったりもする。そして自分を責め、痛めつけ、返す刀で他の人にも「あなただってこうじゃないか」と言うから、ますます破れが広がっていくのです。これはすべて、神さまがこの世界の主人公なのだと認めないところから起こった。これはとても大事なことです。この世界の主人公は私ではなかった。あなたでもなかった。神さまだった。なのに、自分を主人公だと思い込んでしまう。自分が主人公なら、本来の主人公である神はいらなくなる。せいぜいご利益を求めて、拝んで、そして願いを聞いてくれたと思ったらお礼の一つもすれば十分。自分が中心で、自分の願いを叶えてくれる神を求める。自分が中心なので、あのカインが弟アベルをねたんだように「俺が主人公なのに、どうしてお前は俺よりもいい目を見ているのか。どうして出しゃばって、主人公である俺の邪魔をするのだ」と怒りが込みあげてくる。本当は一緒に助け合い、主人公である神に一緒に導かれて共に生きていくべき存在なのに、自分が主人公になってしまうと他はみんな脇役になってしまうのです。そして「脇役のくせに」と、そういうふうに思います。

神は、そのように破れてしまった世界の中で、その破れを繕うために心痛む決断をしてくださった。破れをそのままにしておくのにも大きな痛みが伴うし、それを繕うのも痛みが伴うのだけれども、神はその痛みに呻きながらもこの世界の破れを繕ってくださっている。荒野でイスラエルが目撃したのは、身をかがめるように自分たちの叫びに聞き、救い出し、胸に抱きしめてくださった神。そしてジレンマを抱えながらも、自分たちを祝福するために、どうしても取り除かなければならなかった人びとに対して、心の痛む決断をしてくださった。そういう神を、彼らは目撃しました。

さて、申命記に戻って11章2節。

今日、心得なさい。あなたがたの子どもたちが、あなたがたの神、主の訓練を、その偉大さを、その力強い御手と伸ばされた御腕、そのしるしとみわざを経験し目撃したわけではないことを。（11・2）

ここに「主の訓練」ということばがありますね。「訓練」というと何だかサバイバル訓練みたいなね、すごい不自由な思いをして欠乏に耐え、精神力を鍛えることだと、私たちはつい思ってしまう。けれども、神さまの訓練というのは全然違うのです。それは、神の胸の中に抱かれているという訓練なのです。神の胸の中で、自分を愛してくださっている神の体温を感じる。そんなこと、すぐにはわからないですけれども、神の胸の中に抱かれ続けているうちに神の思い、神の愛し方、神の痛み、神が何を喜ばれるか、何に心を痛められるか、そういうことがわかってゆく。それは、恋に似ているかもしれません。恋をすると、自分で思ってもいなかったことが自分の身に起こるのです。クラシック音楽なんか大嫌いだと言っていた人でも、そういう音楽が好きな人と恋をすると「あの人が楽しんでいるクラシックを自分も聴いてみようかな、知ってみようかな」って変わるんですよ。人って不思議です。「神さまを信じる」というのは、何だかそういうふうに神がわかるというか、神によって変えられていくというか、そういうことなんです。理屈を聞いて、頭の先っぽのところだけで「はいはい、信じることにします」と言うのとは違うんです。まるで恋のように、神を喜ぶ心に自然になってゆく。そういうことが起こってくる。それが「信じる」っていうこと。それが「主の訓練」なのです。不思議な訓練ですよね。神の愛がわかる。神の喜びがわかる。神の痛みがわかる。なんか一生懸命に努力すればわかるというものでもない。それは神の胸の中に身を置き続けるからこそ起こってくるわけです。

この訓練は時間がかかる。イスラエルも荒野での40年間を必要としました。私たちの人生にも長い訓練の時期があります。この教会にもいろいろな苦労をされている方がいますよね。みんな苦労していると思います。高齢の家族の介護をしている方々もおられるでしょう。また特別な配慮を必要とする家族や知り合いがいて、そのために苦労されている方々もたくさんおられると思うのです。神がそのような苦労を造り出されたわけではありません。そういうことが起こるのは、やっぱり世界が破れているから。けれども神は、そういう苦労を通して私たちを訓練される。欠乏の中で精神力を鍛えるという、そういう訓練ではありません。そうではなくて、その苦労があったことによって、神さまの胸の中にしっかり抱かれるのです。

抱かれる時の秘訣は、力を抜くことです。子どもを抱くときに一番困るのは、子どもが力を入れて背中をそっくり返らせる時ですけれども、力を抜いて素直に「ふにゃ」っとなってくれるととっても抱きやすい。神の訓練というのはある意味、「俺が主人公だ」と言い張る、そういう力を抜く訓練と言えるかもしれません。私たちの苦労は神が望んだことでも、造られたものでもありません。神はその苦労を私たちと共に痛んでくださるのだけれども、それでもなおかつ私たちを支え、励まし、それを通して私たちに成長を与えようと、そういうよき訓練を与えてくださいます。

ちょっと申命記にしおりなど挟んでいただいて、今度は新約聖書ヘブル人への手紙12章をお開きください。「なんで旧約聖書を語っているのに、いつも新約聖書を開くのですか」と聞かれますが、それは聖書がひと続きの大きな神の物語だからですよね。そして、結論はやっぱり新約聖書に書いてある。やっぱりイエス・キリストが結論なんです。

こういうわけで、このように多くの証人たちが、雲のように私たちを取り巻いているのですから、私たちも、一切の重荷とまとわりつく罪を捨てて、自分の前に置かれている競争を、忍耐をもって走り続けようではありませんか。信仰の創始者であり完成者であるイエスから、目を離さないでいなさい。この方は、ご自分の前に置かれた喜びのために、辱めをものともせずに十字架を忍び、神の御座の右に着座されたのです。あなたがたは、罪人たちの、ご自分に対するこのような反抗を耐え忍ばれた方のことを考えなさい。あなたがたの心が元気を失い、疲れ果ててしまわないようにするためです。

（ヘブル12・1〜3）

「ご自分の前に置かれた喜びのために」と書かれている。一体、何が喜びなのか。それはご自分の死によって、私たちが永遠のいのち、新しいいのち、神の胸の中で生きるいのちに入ることができるということ。イエスさまはそのことを喜びとして、喜んで十字架にかかって死んでくださった。

実は、先週の松本での説教題は「奇妙でわかりにくい神の物語」としました。この題にはいろいろ賛否両論あるわけです。「わかりやすい話をしますから、みなさん来てください」というのが普通でしょう。始めから「わかりにくい」などと言って、果たしてあなたやる気あるのですか、と思われたかも知れない。でも私は思うのです。神が私たちのために十字架で死ぬということは、そんなにわかりやすいことじゃないかもしれない。なぜかといいますと、その愛はあまりにも大きすぎて私たちの想像を遥かに超えてるからです。イエス・キリストは神なのに、その神が人となって、唾をかけられて、十字架に釘で打ち付けられ、「お前が神なら十字架の上から降りて来てみろ、そしたら信じてやるぞ」とまで罵られた。でもキリストは降りてこなかった。ひと言も言い返さなかった。唾をかけられ、はりつけにされ、罵られても。これは私たちの持つ神の概念をひっくり返すような話だし、ありきたりの愛の概念をひっくり返すような、そんな愛です。だからわかりにくい。

わかりにくい愛がどうしたらわかるか。それは、神の胸の中に抱かれていたらわかる。体温が伝わってくるように、段々わかってくる。だから焦らないで、じっくりと、自分が神に愛されている、ということがわかるまで、神の胸の中にいたらいい。そう思うのです。神が人となって、苦労してくださった。それもただの苦労じゃなかった。十字架に釘づけにされた。それでも、人であることをやめようとしなかったのです。それは、私たちを救い、私たちをご自分の愛で満たすため。そしてもうひとつ、愛で満たされた私たちが神と一緒に、キリストと一緒に、この世界の破れを繕っていく人になるためです。そういうことが実現するのを見る喜びのために、イエスは十字架を最後まで耐え忍んでくださいました。だから「苦労の中でも疲れ果てないようにキリストのことを考える」というのは、「キリストがあんな目にあって苦労してくださった、だから自分も我慢しなきゃ」ということじゃない。十字架の上でキリストが持っておられた喜び、私たちのためを思って喜んでくださった、その喜びを思い出せ、ということ。そしてその喜びを思い出すたびに私たちの内なるいのちを新たにしていただいて、神の胸の中にとどまれ。そう言っているのです。

私たちは苦しみが長引くと「もう耐えられない」と思うことがあります。クリスチャンであってもそう思います。「こんなことなら神さまを信じなくたって同じじゃないか」とさえ思う。もう神に大きなことを期待しないで、もうあんまりあてにしないようにして、自分の予想の着く範囲で、自分の力が及ぶ範囲で、まあまあ折り合いをつけながら生きていったらいい。そんなふうに思うことがあります。教会に行くと牧師はいつも「あなたが見たことがないような祝福を、神さまは与えてくださる」なんて言うけど、そんな、世界の破れをこんな私が繕うとか、そんな遠大なことを言われてもよくわからんし、しんどい。みなさんがそう感じるのは当然だと思うのです。それはちょうど、あのダタンとアビラムが「こんなことならエジプトで奴隷のままでいたほうがマシだった」とつぶやいたのと同じです。そういう弱さが私たちにもあります。

だけど、ダタンとアビラムも、つぶやくなら神に直接申し上げればよかったと思うのです。神に背を向けてぶつぶつ言うのではなくて、神と向き合って「神さま、これは一体なんなのですか。一体いつまでなのですか。一体なんのためなのですか」と、そういうふうにお訊ねすればよかったと思う。ところが二人は仲間のコラと共に神に背を向け、モーセとアロンに反抗し、周りの人々をも煽って神に背を向けさせようとした。そうじゃない。そうじゃなくて、私たちは神に向きあって、神から直接聞こうとするべきなのです。私たちは「このことはいつまで続くのですか。毎日、毎日こういうことがあるけれども、ちっともよくなっているように思えない。一体これになんの意味があるのか。私の人生に一体何の意味があるのですか」と思うときに、神さまに聞いたらいい。ただそのとき、いつもすぐに直接の回答があるとは限らないということを知っていてください。なぜなら神の回答、そして祝福はあまりにも素晴らしすぎて、私たちにはすぐにはわからないことが多いのです。

子どものころ、父親に「今日はごちそうを食べに行くから、お腹を空かしておきなさい」

と言われました。ところが幼い私は、ふと空腹を覚えて、お菓子を食べ始めたのです。食べ始めると止まらなくて、結局たくさん食べてしまいました。その後、父がフルコースを食べに連れて行ってくれたのですが、全然食べられなくて、大変怒られました。「だからお腹を空かせておきなさいと言っただろう。ものすごく奮発して連れてきたのに」と。でも、今もあまり変わっていないと思います。どれほど素晴らしいものが自分を待ち受けているかがわからないのです。だから目の前のものをつかみに行って、それで何度失敗してきたことか。まだフルコースぐらいなら「前菜はこれが出て、この後、これが出て、あれが出て、肉が出て、最後にアイスクリームとケーキが出てくる」と、そこまで聞いていれば私も想像できる。もうちょっとお腹空かせとこうと思える。でも、誰も見たことがない、ものすごく大きくて素晴らしいものというのは、説明されてもわかりません。神の恵みはフルコースどころではないので、永遠の命とか、世界の破れを繕う私たちとか、説明されたってすぐにはピンとこないのです。でも、神の胸の中で問い続ける時に、神の体温を通して、神のお心が身についてくる。自分で聖書を読むとき、礼拝でメッセージを聞くとき、仲間たちと神の恵みについて教え合うとき、そういうことを通して、神はじっくりと、深いところから私たちを変えてくださる。

「繁栄の神学」というのがあります。神を信じたら繁栄がある、利益がある、リッチになる、病気も治る、みるみるうちに教会が成長して大きな教会堂が建つとかいうのです。これはとても魅力的なので、多くの人々がこれに引っ張られる。だけどたいていは極端に走って、神を見失います。イエスは私たちを、友と呼んだ。「わたしはもう、あなたがたをしもべと呼ばない、友だ」とおっしゃってくださった。友とは、友の心を知る者です。「何か素敵なものをあげるから」と言われて、何か利益に釣られてついて行くのは友ではありません。友は、友にものを投げ与えて従わせるようなことはしない。友は友に心を打ち明け「同じ思いになってくれ。同じ心で生きてくれ」と願う。もちろん神は食べることも、健康も、老いてゆくことも私たちの必要はすべてご存知で、願う前から必要なものを与えてくださいます。でも神さまはそれ以上のものを与えてくださる。それは、神のお心がわかるということ。そのために、ご自分の胸の中で、長い時間をかけてでも訓練してくださる。ご自分の心を知らせてくださるのです。

あなたがたは、わたしのこのことばを心とたましいに刻み、それをしるしとして手に結び付け、記章として額の上に置きなさい。(11・18)

このことばとはどういうことか。

あなたはあなたの神、**主**を愛し、主への務めを果たし、主の掟と定めと命令をいつも守りなさい。(11・1)

これは煎じ詰めれば「神さまを愛しなさい」と言っているだけのことですね。神を愛しなさい。神の胸の中で生きなさい。ただそれだけのことを言っている。ただそのことだけを心とたましいに刻みつけて生きろ。そういう生き方をしなさいと招いてくださっている。こいうことを申し上げるとよく「神さまを愛するって何をすることですか」と聞かれます。「お祈りをすることですか。礼拝に出席することですか。献金をすることですかと、よく聞かれます。あるいは他の人に愛をもって仕えることですか。」その通り。そういうことは神を愛することの表れだと思います。それをしたらいい。ただし、お祈りも、礼拝も、献金も、人に仕えることも、丁寧に心を込めて、神のお心を持ってするということが大切です。どれくらいのことをするかという量は問題ではない。長く祈ったとか、多くささげたとか、そういうことが問題ではない。そこに私たちの心があるかどうか。神はそれだけを見てくださっている。

見よ、私は今日、あなたがたの前に祝福と呪いを置く。(11・26)

モーセはイスラエルの前には二つの道があるといいます。地図を見てください。シェケムという町をはさんで、ゲリジム山とエバル山という二つの山があります。二つの道は、このそれぞれに行く道なのです。シェケムの町から見ますとエバル山は北にあり、ゲリジム山は南にあります。シェケムの町の人たちにとっては間違いようがありません。「ゲリジム山もエバル山も同じようなものだ」とはシェケムの人たちは絶対に言いません。だって、南と北にあるのですから。同時に両方見ることができないし、つながってもいないですから。１８０度方向転換をしないと、もう一方の山は見えません。つまり、モーセは全然違う二つの道のことを言っているのです。一つは27節。

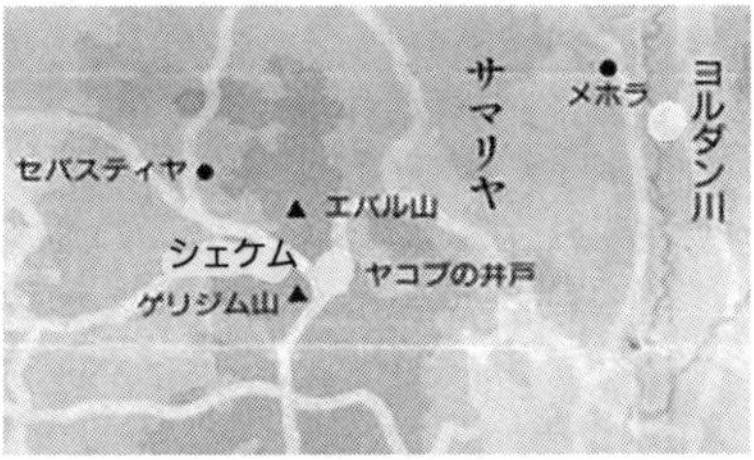

祝福とは、私が今日あなた方に命じる、あなたがたの神、主の命令に聞き従った場合であり、（11・27）

つまり、神さまを愛し、神さまの胸の中で生きていく道が一方にある。もう一方は28節。

のろいとは、あなたがたの神、主の命令に聞き従わず、私が今日あなたがたに命じる道から外れて、あなたがたの知らなかったほかの神々に従って行った場合である。（11・28）

こちらは神さまの胸の中にとどまらず、自分を主人公として、自分のことを聞きそうな神々に従っていく道です。モーセは正反対の方向にあるゲリジム山とエバル山によって、この二つの道は決して交わらないということを教えました。神さまに従うか、従わないか。神さまの胸の中にとどまるか、とどまらないか。これは決して「教会に行って礼拝に出席したら健康でリッチになる、礼拝に出なかったら病気になって貧乏になる」ということじゃない。決してそうじゃない。神さまは、私たちが神を知らず背を向けていた時でさえ、私たちを守り、健康を与え、必要なものを与え祝福してくださっていたわけです。神さまがここでおっしゃっている祝福とはもっと大きなものなのです。ここでおっしゃる祝福というのは、私たちが神さまの胸の中でその御心を知り、神と共にこの世界の破れを繕うことができるということです。それは決して「紛争地域に平和をもたらす」みたいな大それたことばかりではない。そうじゃなくて、私たちの家族や知り合い、仲間の必要に心を込めて応え、介護したり、オムツを取り替えたり、語りかけたり、聞いてあげたり……。そういうことを、心を込めてていねいに行うならば、それもまた世界の破れを繕っていることになる。「そんな小さなことで世界の破れを繕えるのですか」と思うかも知れません。でも編み物をする人はよくわかる。私はしませんので実感としてはわかりませんけれども、編み物をする人を見ていますと、ひとめ、ひとめはとても小さいんです。でもそれを延々と続けているうちに大きなショールができたりします。

今日、神の胸の中で私たちは、世界の痛みを繕う編み針の一刺しを刺すのです。それが本当に大きな世界の破れを繕っていくことになる。私たちの人生には意味がある。それぞれ置かれた場所で、それぞれに違う、小さな、でも大きな意味があるんです。もし私たちが神に背を向けてその胸の中から逃げ出そうとするならば、私たちが世界の破れを広げることになってしまう。「私が主人公だ」と言って、世界の破れを広げることになってしまう。でももう、ここに集った私たちは今日、神さまの招きを聞きました。「わたしと一緒にこの世界の破れを繕おうじゃないか」とおっしゃってくださる、この神さまの招きを聞きました。

短くひとことお祈りします。

恵み深い天の父なる神さま。この朝もあなたが「わたしを愛し、わたしの胸の中で生きよ」と私たちの心とたましいに、愛のことばを刻んでくださったことをありがとうございます。続いて私たちのこの小さな苦労を、この訓練を、この繕いを助け導き、共に歩んでください。尊い主イエス・キリストの御名によってお祈りいたします。アーメン。

# 神さまの住まわれる場所

聖書　申命記12章5～7節

5 ただ、あなたがたの神、主がご自分の住まいとして御名を置くために、あなたがたの全
部族のうちから選ばれる場所を尋ねて、そこへ行かなければならない。6 あなたがたは全
焼のささげ物、いけにえ、十分の一、あなたがたが供える奉納物、誓願のささげ物、進ん
で献げるもの、あなたがたの牛や羊の初子をそこに携えて行きなさい。7 そこであなたが
たは家族の者とともに、あなたがたの神、主の前で食事をし、あなたの神、主が祝福して
くださった、あなたがたのすべての手のわざを喜び楽しみなさい。

9月第四主日の礼拝へようこそいらっしゃいました。今日もいつものように申命記をご一緒に読んでまいります。この12章以降は申命記でも中心部分と言われるところですが、特に

12章は礼拝について語っているとても大切なところだと思います。先週はなぜか、めちゃめちゃ長い57分間のメッセージになってしまいましたから、今日はそうならないように短刀直入にいきたいと思います。

**礼拝とは何か。**この章ではその本質が繰り返されています。

そこであなたがたは家族の者とともに、あなた方の神、**主**の前で食事をし、あなたの神、**主**が祝福してくださった、あなたがたのすべての手のわざを喜び楽しみなさい。(12・7)

あなたがたは息子、娘、男奴隷、女奴隷とともに、あなたがたの神、**主**の前で喜び楽しみなさい。(12・12)

「喜び楽しみなさい」ということばが繰り返されています。喜び楽しむ。それが礼拝の本質ですね。神さまの前で祝宴、宴会を開いて食事をし、喜び楽しむことが行われていたのです。じゃあ、グルメのように食事を楽しんでいたのか。「このお肉は美味しいね」と言って肉を楽しんでいたのか。そうではない。そこで喜び楽しんだのは神。神さまを喜び楽しむ。そして神がそんな私たちを喜び楽しむ。礼拝とはなにか。それは、神さまを喜び楽しむことです。

私たちは、大体自分に自信がなくて、いつも「自分はまだ足りない」と思っているところがあります。自分は神さまに喜んでもらえているだろうかと思うと、いつも自信がない。しかし申命記を読むならば、ご自分の前で食事をし、飲み食いしているイスラエルを、神さまは喜んでおられる。明らかに喜んでくださっている。親が子どもの食べっぷりに目を細めるようです。「お父さんのも分けてあげよう、お母さんのも食べたらいい。どんどん食べなさい。」そうやって親が目を細めて子どもを見るように、神はイスラエルを見つめてくださっている。イスラエルは神に喜ばれている。そのイスラエルがどんな人々なのかは、もう毎週お語りしている通りです。よい人々ではない。全然違う。もう、考えられないぐらいに神に背を向けるイスラエル。その彼らを、神は喜んでくださっている。だから、私たちも神さまに喜ばれている。安心したらいいのです。安心して礼拝を楽しんだらいい、安心して神さまを楽しんだらいいのです。それは神が願っておられることだからです。

しかしそうはいっても、礼拝があまり楽しくないなと思うことがあります。まあここだけの話、私もそういうことがないわけではありません。特に霊的なスランプにある時と、そういった時がかなり長く続くこともあるわけですよね。そういう時に私たちはよく、ハウツーものの教えに飛びつきます。「ハウツーもの」というのは、「こういう時にはああしたらよい、こうしたらよい」という具体的な処方箋みたいなものです。それはとても便利なのだけれども、表面的な処方箋では私たちのたましいの深いところのスランプまで届くことはできない。小手先でなんとかなるようなものじゃないんですよね。しかし、やっぱり聖書は違う。聖書は私たちのたましいの一番深い所に届く、本当の問題に届く。多くの処方箋は問題を先送りするだけのものですけれど、聖書は違う。聖霊が働く時に、私たちの本当に深いところに届く。もちろん簡単な問題ではないので時間はかかるけれども、根本的な解決を与えてくれます。今日の聖書の箇所にも、礼拝で神さまを喜び楽しむために大切なことがいくつか書いてあると思います。今から二つのことをお話しするのですけれども、それが全部じゃないことも知っておいていただきたい。それが当てはまる人と、そうでない人がいます。そうでない人には、その人に必要なオーダーメイドのメッセージを神が教えてくださいます。だから、今日二つのことを聞いたからといって「私にそれが足らないのはそれだ、それだけが足りない」と思わないでください。神の恵みはもっと豊かです。先週の反省を踏まえて今日は

30分を目標に語っていますけど、神さまの恵みはそんな30分で語り尽くせるようなものではない。だから、私たちは神のみ言葉を毎週聞きに来ているわけです。

礼拝を喜び楽しむための第一のこと、それは2節。

あなたがたが追い払おうとする異邦の民がその神々に仕えた場所は、高い山の上でも、丘の上でも、また青々と茂るどの木の下でも、それをことごとく破壊しなければならない。彼らの祭壇を打ち壊し、石の柱を打ち砕き、アシェラ像を火で焼き、神々の彫像を切り倒して、それらの名をその場所から消し去りなさい。（12・2〜3）

ここで言っていることは、〝本当の神さま以外のものに心を奪われるな〟ということ。他の宗教だけじゃありません。いつもお話しする通り、自分を世界の主人公だと考えて、どんな神でもいいから自分の僕《しもべ》にして命令を聞かせようとする、それが偶像礼拝です。つまり、自分が主人になっている。世界の主人公が神だということを忘れているところに問題があります。だからここでは「世界の主人公は神さまであることを思い出せ」と言っている。「そうすればあなたは、主人公である神さまがすべてを支配してくださっていて、私の今のどうにもならないような状況の中でも、主人公である神さまが働いてくださるということを知ることができる」というのです。私たちはみんな、神の胸の中に抱かれている。神さまの体温で温められるようにして、徐々に神の愛がわかってきた。まだ知らないことを無理矢理に思い出せと言ってるんじゃないんです。今まで私たちがみ言葉を聞き、体験してきた通りの神の体温を思い出したらいい。神は世界の主人公、支配者である。私たちを愛して、惜しげもなくすべてを与えてくださる主人公であって、支配者である。そのことを思い出したらいい。

もう一つ、礼拝に先立つものがあります。

あなたがたは全焼のささげ物、いけにえ、十分の一、あなたがたが供える奉納物、請願のささげ物、進んでささげるもの、あなたがたの牛や羊の初子をそこに携えて行きなさい。(12・6)

イスラエルは祝宴の飲み食いの前にささげ物をするように命じられている。それは罪の赦しのためです。動物を屠ってささげるのは罪を赦していただくため。動物の頭の上に手を置いて、自分の罪を告白する。そして、動物の命によって神さまに和解していただく。このことは今日では、正直ピンときません。なんで動物を殺さなければならないのか、私たちはよくわからない。動物愛護の観点から言うならば、とても残酷なことだと非難されることだと思います。しかしキリスト教会は二千年の間ずっと、これはイエス・キリストの十字架を指していると理解してきた。それは正しいと思います。罪の赦しのささげ物として、イエス・キリストは十字架にかけられてくださいました。新約聖書を一か所、開きましょう。

イエスは彼女に言われた。「行って、あなたの夫をここに呼んで来なさい。」彼女は答えた。「私には夫がいません。」イエスは言われた。「自分には夫がいない、と言ったのは、そのとおりです。あなたには夫が五人いましたが、今一緒にいるのは夫ではないのですから。あなたは本当のことを言いました。」彼女は言った。「主よ。あなたは預言者だとお見受けします。私たちの先祖はこの山で礼拝しましたが、あなたがたは、礼拝すべき場所はエルサレムにあると言っています。」イエスは彼女に言われた。「女の人よ、わたしを信じなさい。この山でもなく、エルサレムでもないところで、あなたがたが父を礼拝する時が来ます。救いはユダヤ人から出るのですから、わたしたちは知って礼拝していますが、あなたがたは知らないで礼拝しています。しかし、まことの礼拝者たちが、御霊と真理によって父を礼拝する時が来ます。今がその時です。父はそのような人たちを、ご自分を礼拝する者として求めておられるのです。神は霊ですから、神を礼拝する人は、御霊と真理によって礼拝しなければなりません。」女はイエスに言った。「私は、キリストと呼ばれるメシアが来られることを知っています。その方が来られるとき、一切のことを私たちに知らせてくださるでしょう。」イエスは言われた。「あなたと話しているこのわたしがそれです。」（ヨハネ4・16〜26）

サマリアのスカルというところの井戸端で、イエスが一人の罪のある女性に会った。彼女の中には、疑問があった。「礼拝のためにはユダヤ人たちのようにエルサレムへ行かなければならないのだろうか。でも、自分たちサマリア人がエルサレムへ行くと汚れた者だと言われてしまう。それなら一体どこで礼拝をささげるのだろうか」と、そういうふうに思っていたわけです。そこでイエスがおっしゃった。「真実の礼拝、それはサマリアでも、エルサレムでもない、今ここなのだ。救い主である私がいるところがその場所だ」と。キリストの名によってささげる礼拝こそが、真実の礼拝であることを教えてくださいました。この時、この女性は自分が今まで神に背を向けた人生を送っていたことを認めるわけです。自分から罪を告白したわけではないけれども、イエスがこの女性の乱れた生活について語ったときに、それそれを彼女は認めたわけですよね。「先生あなたは預言者だと思います。」言葉を換えればこれは「その通りです。私はそのような罪人です」ということです。自分の罪にハッとしたその後で、彼女は「礼拝をささげる場所はどこなんですか」と自分から尋ねる。私たちにはもう一つ、礼拝を喜び楽しんでささげることを妨げているものがある。それは、罪ですね。

先週は月に一度、カトリック枚方教会で朝7時から行われている河北朝祷会がありました。カトリックの神父も信者もいるし、プロテスタントの人もいます30分のメッセージとお祈りの後、簡単な朝食を一緒にいただくのですが、その時に告解の話しが出ました。少し説明しますとカトリックでは「告解」っていうのがあって、小さな箱のような部屋の中に神父が入っていて、訪れた信者さんが罪を告白すると、神父がそれを聞いて、罪のゆるしを宣言する。カトリックでは年に数回、少なくともイースターの前後に必ず1回罪の言い表しをすることがすすめられているみたいです。最近は顔が見えない小部屋ではなく、対面式もかなり取り入れられているみたいですが、やっぱり、ちょっと話しにくいということもあったりするようです。そういう話をしていたらプロテスタントの牧師が「うちはプロテスタントなので箱のような部屋はないけれども、毎週礼拝で詩篇の51篇を交読しています」と言うのです。ただし51篇3節〜9節までだそうです。みんなと一緒に詩編の51篇を交読しながら、自分の言葉と行いと思いにおいて犯した罪を心に思い浮かべ、その罪を神さまに告白しているそうです。私たちの教会では大抵、牧会祈祷の中でこの罪の赦しを願う祈りをいたします。みなさんは何も言わずに黙とうしながら思いを重ねておられるわけですが、その教会ではみんなで声に出してそれをやっておられるわけです。

今日は、私が3節から9節までお読みいたしますので、どうかみなさん、それぞれ言葉と行いと思いにおいて、自分が犯した罪を思い、心の中で神さまに告白しながら聞いていただきたいと思います。

まことに私は自分の背きを知っています。
私の罪はいつも私の目の前にあります。
私はあなたにただあなたの前に罪ある者です。
私はあなたの目に悪であることを行いました。
ですから　あなたが宣告するとき　あなたは正しく
さばくとき　あなたは清くあられます。

ご覧ください。私は咎ある者として生まれ
罪ある者として　母は私を身ごもりました。
確かに　あなたは心のうちの真実を喜ばれます。
どうか私の心の奥に　知恵を教えてください。
ヒソプで私の罪を除いてください。
そうすれば私はきよくなります。
私を洗ってください。
そうすれば　私は雪よりも白くなります。
楽しみと喜びの声を聞かせてください。
そうすれば　あなたが砕かれた骨が喜びます。
御顔を私の罪から隠し
私の咎をすべてぬぐい去ってください。（詩篇51・3〜9）

これが詩篇の51篇。罪の赦しを祈り願う叫びですね。「明野キリスト教会でも時々、こうやって口に出して罪の赦しを願うってことをやってみてもいいかもしれない」と思いました。するとですね、カトリックの神父が「確かにこれはいいですね。でも、告解で罪の悔い改めで一番大切なのは罪の赦しの宣言なのです。詩篇51篇は人間側からの叫びなので、罪の赦しの宣言は含まれていない。しかし『あなたの罪は赦された』という赦しの宣言、それが本当の福音です」と言ったんです。私たちは弱さのゆえに、罪を悔い改めてもその赦しを確信できないことがしばしばです。赦されたと思ってもなお「あれは本当に、心からの悔い改めだったろうか、まだ罪が残っていないだろうか」とじくじく悩むんです。でも、神さまは主イエス・キリストの十字架によって私たちを赦してくださっている。私たちが言い残したことがあるとか、ないとか、その時にちょっとよそごとを考えちゃったりとか、そんなことに私たちの罪の赦しはかかっていない。それは十字架にかかっている。ただイエス・キリストの十字架にかかっている。人が口を開いて「私にはこういう罪があります」と言ってもそれは一部かもしれない。またそこに心がどれぐらいあるか疑わしいかもしれない。けれども神さまは「あなたの罪は赦された」と宣言されます。神父や牧師が赦すのではない。そうじゃなくて、キリストの名によって神の赦しが宣言される。「あなたの罪は赦された。あなたの喜びを妨げているすべてのものを、わたしが取り去ってあげよう。それが罪であれ、憎しみであれ、自分を責める思いであったとしても、あなたの罪は赦された。」神はそう言って私たちを喜び、楽しんでくださる。そういう私たちとともに過ごす礼拝を神さまが喜び、楽しんでくださる。

本来、礼拝の中心は聖餐です。なんでプロテスタント教会で聖餐が毎週行われなくなったか。手短にいうとですね、聖餐を大切にしたからです。「聖餐は大切だから、その前に一人ひとりがちゃんと悔い改めたかを確認しなきゃいけない」という真面目な人たちがいたんです。ところが、そのためには牧師や役員が一人ひとりと面接をしないといけませんから、毎週というわけにはいかなくなったんです。どうも奇妙なことです。聖餐が大事だから、大切にするために、あまり聖餐しなくなったっていうね。しかし、紛れもなく礼拝の中心は聖餐。だから、今日のように聖餐がない礼拝であったとしても、やっぱり十字架にかかって贖いを成し遂げられ、よみがえって今も私たちと共にいてくださるイエス・キリストを記念し、そのことを思うことが礼拝の中心です。イエス・キリストを喜び楽しむのが礼拝。聖餐は特にイエス・キリストとともにイエス・キリストを食する宴会ですね。主の晩餐（ローズサパー）、主が招いてくださる食卓。それが礼拝の中心であるということを覚えておきたいと思うのです。

今日お開きしている申命記には

そこであなたがたは家族の者とともに、（12・7）

あなたがたは息子、娘、男奴隷、女奴隷とともに（12・12）

と書いてあります。ともにするのは何でしょうか。礼拝ですよね。ともに喜び楽しむわけです。神は礼拝をささげる私たちを喜んでくださる。また神に喜ばれているという喜びで私たちを満たしてくださる。でも神さまはどうにかして、私たちが今、喜んでいるこの喜びを他の人々にも満たしてあげたいと願っておられる。だから「あなたの家族を連れてきなさい、息子、娘、使用人、その他あなたのまわりのすべての人々をこの喜びへと招きなさい」と命じておられます。だからといって「私は今日、家族を誰も礼拝に連れて来れなかった」とご自分を責めないでください。時があります。それは神さまがしてくださることです。私たちが今日喜んで帰ったら、その喜びは私たちの家族にも、じっくりと深い所で届くはずです。最後に12章5節、そして11節。

ただ、あなたがたの神、**主**がご自分の住まいとして御名を置くために、あなたがたの全

部族のうちから選ばれる場所を尋ねて、そこへ行かなければならない。(12・5)

あなたがたの神、主が御名を住まわせるために選ばれる場所へ、(12・11)

神が選ぶ場所、礼拝のために選ばれる場所がある。それは、先ほど申し上げましたように、イエス・キリストがおられるところですよね。イエス・キリストがおられるところって言っても、イエス・キリストはどこにでもおられる、私たちの家にだっておられる。「じゃあ、家で一人で礼拝やってればいいですか」というとそうじゃない。やっぱり神さまが特に、選ばれる場所がある。それは教会ですね。教会というのは建物のことじゃありません。組織のことでもないです。信じる私たちの集まりのことです。かつてこの先の生涯学習センターの会議室で礼拝を守っていた時は、そこが教会だった。場所じゃない。イエス・キリストの名を信じる者たちが集っているところ、それが教会。私たちが神さまを喜ぶために設けてくださった、その集まりに私たちは集う。神さまはそこで思いっきり私たちを満たしたいと願っておられるので、思いっきり満たしていただく。それを妨げるものがあったなら礼拝の中で「私はこの神さまの体温を忘れていた」と思い出したらいい。また神が満たしてくださることを妨げる罪があるとわかったなら、それを礼拝で告白したらいい。どちらも思い当たるようになる時があります。そういうことも聖霊は順に示してくださるでしょうから。なお続いて、心柔らかくみことばに聴き続けていきたいと思います。

喜びに満たされた私たちが、ここから遣わされていく。その先はそれぞれが置かれている場所で、それぞれの使命のある場所ですよね、そこでこの喜びを世界に注ぐ。世界の破れは私たちの、何かこう顔をしかめるような犠牲によって繕われるというより、まずは私たちの喜びにおいて繕われているのだ、ということをこの朝も覚えましょう。短くひと言お祈りします。

恵み深い天の父なる神さま。またこの朝も「わたしとともに、わたしの前に、わたし自身を食せ、喜び楽しめ」と、そのように招いてくださいますことをありがとうございます。あなたはわたしたちの喜びです。あなたによって、なお私たちを、満たしてください。溢れるほどに。私の家族を、私の地域の人々を、私の友人を、この世界を潤すほどに、溢れるまでに私を喜びで満たしてくださいますように。尊いキリストのお名前によってお祈りいたします。アーメン。

# 生ける神に立ち返る

聖書　申命記13章12～18節

12もしあなたの神、主があなたに与えて住まわせる町の一つで、13よこしまな者たちがあ
なたのうちから出て、「さあ、あなたがたが知らなかったほかの神々に仕えよう」と言って
町の住民を迷わせたと聞いたなら、14あなたは調べ、探り、よく問いたださなければなら
ない。もしそのような忌み嫌うべきことが、あなたがたのうちで行われたことが事実で確
かなら、15あなたはその町の住民を必ず剣の刃で討たなければならない。その町とそこに
いるすべての者、その家畜も剣の刃で聖絶しなさい。16そのすべての略奪物を広場の中央
に集め、その町と略奪物のすべてを、あなたの神、主への焼き尽くすささげ物として火で
燃やさなければならない。その町は永久に廃墟となり、再建されることはない。17その聖
絶の物は、一部でも、あなたの手の中にとどまることがあってはならない。それは主が燃

える怒りを収めて、あなたにあわれみを施し、あなたの父祖たちに誓ったとおりに、あなたをあわれんで、あなたを増やすためである。[18]というのは、あなたは必ずあなたの神、**主**の御声に聞き従って、私が今日あなたに命じるすべての主の命令を守り、あなたの神、**主**の目にかなうことを行わなければならないからである。

先週は水野健先生をお招きしての幸いな礼拝でした。イザヤ書から本当に豊かに取り次いでいただきましたけれども、今日はまた申命記に戻ります。

旧約聖書は難しいとお感じの方もおられるだろうと思うんです。そういう場合に知っておいていただきたいことがあります。それは、旧約聖書を読む時には新約聖書の光に照らして読む、ということです。キリスト教会は旧約聖書の難しいところも、やがて来られるイエス・キリストの光の中で読む時に理解することができると、そのように信じて読んでまいりました。つまり、イエスの十字架に現れた神の愛をいつも頭に思い描きながら旧約聖書を読んでいくんです。「それだったら、新約聖書だけ読めばいいじゃないか」と思われるかもしれません。しかし、イエスさまの十字架を本当に知るためには、やっぱり旧約聖書が必要です。私自身もですね、最初は新約聖書ばっかり読んでたんです。でも、旧約聖書をきちんと読むようになって初めて、新約聖書に現れたイエスの十字架の恵みがどれほどのものかということがよくわかるようになりました。神さまがこの世界と私たちをどれほど忍耐強く愛してくださったのか。そしてその忍耐のあげく、ついに御子が送られ、十字架に付けられた。このことを理解するならば、旧約聖書の世界が開かれてくると思うのです。私たちのためにご自身の御子を惜しまなかった愛の十字架。この光の下で今日も旧約聖書、申命記章13章を読んでまいりたいと思います。

さて前回、この12章以降が申命記の中心部、心臓部と呼んでもいいところだと申し上げました。それと関連して列王記第二22章をお開きいただきましょうか。

そのとき、大祭司ヒルキヤは書記シャファンに、「主の宮で律法の書を見つけました」と言った。そしてヒルキヤがその書物をシャファンに渡したので、彼はそれを読んだ。……さらに書記シャファンは王に告げた。「祭司ヒルキヤが私に一つの書物を渡してくれました。」シャファンは王の前でそれを読み上げた。王は律法の書のことばを聞いたとき、自分の衣を引き裂いた。(列王記第二22・8、10〜11)

この王はヨシュア王といって、申命記の時代から700年くらい後の人です。この700年の間にどういうわけか、申命記を始めとする律法の書が失われたんです。律法の書というのは旧約聖書の最初の五つの書、つまり創世記、出エジプト記、レビ記、民数記、そして申命記。これらがまとめて律法の書と呼ばれ、神さまから「王は手元に置いて毎日読まなければならない」と言われていた、そういう書です。けれども、なんということでしょうか、700年の間にこれが失われてしまった。いつの間にか読まなくなって、どこにあるのかもわからなくなってたみたいなんです。私はいつも「律法は神さまとともに歩く、歩き方の教えだ」と申し上げていますが、これがなくなった。読まれなくなった。つまりイスラエルの王、そして王に率いられる人々が神さまと歩かなくなって、神さまの愛がわからなくなってしまっていたんです。そのとき、律法の書が発見された。ヨシュア王のこの後の行動を見ますと、発見されたのはまず間違いなく申命記の12章から26章を含んでいました。この御言葉がヨシュア王とイスラエルを神さまの胸の中へと立ち返らせました。だから申命記12章以降のところはとても大事だと、そのように考えていただきたいのです。申命記に戻って、13章1節から。

あなたがたのうちに預言者または夢見る者が現れ、あなたに何かのしるしや不思議を示し、あなたに告げたそのしるしと不思議が実現して、「さあ、あなたが知らなかったほかの神々に従い、これに仕えよう」と言っても、その預言者、夢見る者のことばに聞き従ってはならない。あなたがたの神、**主**は、あなたがたが心を尽くし、いのちを尽くして、本当にあなたがたの神、**主**を愛しているかどうかを知ろうとして、あなたがたを試みておられるからである。（13・1〜3）

心に染みる御言葉だと思います。しるしと不思議、つまり奇跡のようなことが起こってくるわけです。奇跡を本当にやってみせる人が出てくる、だけど奇跡をしたというだけでその人について行っちゃいけない、と教えています。現代でもいろいろな奇跡を見せるような人がいると思います。多くは明らかにまやかしですよね。でも中にはどうしても説明がつかない、本当に不思議だなと思うことがあるかもしれない。そういう時に私たちは、心動かされることがあります。私たちは弱いです。特に「病気が治る」とか言われると、弱い部分があると思います。申命記はそういう、神さまから遣わされていない人が奇跡を行うということについて詳しく説明しようとはしません。そうじゃなくて、たとえ本当の奇跡に思えたとしても、もっとも大切なことに目を向けなさいと教えます。

あなたがたの神、**主**は、あなたがたが心を尽くし、いのちを尽くして、本当にあなたがたの神、**主**を愛しているかどうかを知ろうとして、あなたがたを試みておられるからである。（13・3）

試みるというのは、育ててゆくということ。神さまが見ておられるのは、私たちが神さまを愛する姿勢だというのです。どんなにものすごい奇跡ができたとしても、そこに神さまへの愛があるかどうか、神さまはそこを大切だと見ておられます。私たちは不思議やしるしに惑わされてはならないんです。そんなことをやって見せる人、そしてその教えは神さまをもっと愛することに私を導くだろうか。その指導者は、神さまの胸の中にあなたが留まることを本気で望んでいる指導者だろうか。そこを見極めることが大切なことです。そして6節、

あなたと母を同じくする兄弟、あるいはあなたの息子、娘、あるいはあなたの愛妻、あるいはあなたの無二の親友がひそかにあなたをそそのかして、「さあ、ほかの神々に仕

えよう」と言うかもしれない。（13・6）

でも、8節、

あなたはそういう者に同意しようとしたり、耳を貸したりしてはならない。（13・8）

ここで語られているのは、身近な人々からの誘惑です。愛する夫や妻、無二の親友、信頼できる人々、離れ離れになりたくない人々、そういう人々が誘惑をする。これは最も抵抗しにくい誘惑と言えるかもしれません。家族の関係が悪くなるかもしれない。それは辛いことです。毎日顔を合わせるだけに、とっても居づらくなって耐えられないような思いをするかもしれない。しかし、そういう身近な人からの誘惑であっても、あるいは、むしろ身近な人の誘惑であるからこそ、退けなければならないと聖書は教えています。先週の水野先生のメッセージでとても心に残ったところがあります。

女が自分の乳飲み子を忘れるだろうか。自分の胎の子をあわれまないだろうか。たとえ

女たちが忘れても、このわたしは、あなたを忘れない。(イザヤ書49・15)

メッセージの終わりのところで、水野先生が16節を読まれた。

見よ、わたしは手のひらにあなたを刻んだ。(イザヤ書49・16)

手のひらに刻むというのは、レストランなどでウェイトレスが、メモがなくてちょっと手にボールペンでメモ書きをするというような、そういうことではありません。それだと洗ったら消えてしまう。手に刻むというのは、痛みを感じること。血が流れるほどに手に刻む。忘れないんだ。それはイエスさまの十字架を思い起こさせる。よみがえられたイエスさまの手を見たらわかる。そこに傷がある。釘跡がある。そのように私たちへの愛ゆえに、イエスさまは十字架にかかってくださった。そういうように、この神さまは私たちを手のひらに刻んでくださっている。そのことが本当に心にすっと入りました。イエス・キリストの手のひらの傷は、神さまの消えることのない愛の証である。

かつての私は「そうは言われても」っていうふうでね、いまひとつわからなかったです。

そんなこと言われても、何だか「キリストがあなたのために死んでくださったのだから、ありがたく思え」と言われているような気がして。「私が頼んだわけでもないのに」と、そういうふうにも思った。でも今は知っているんです。「頼んだわけでもないのに」と思ったんだけども、でも実際は、頼むことさえ知らなかったんです。誰に、何を頼んだらいいのかさえもわからなかった。その私のために、キリストが十字架にかかってくださった。そして今や、私の心にも十字架が刻まれている。神さまの愛が私たちの心にも刻まれている。これは不思議なことです。自分から「刻もう」と思ったわけじゃないんです、私たちは。でもいつの間にか神さまが私たちの心にご自身の愛を刻んでくださった。そうやって心に刻まれているから、私たちは神さまを愛するんです。愛さなければならないからではない。そうしないではいられないから、神さまを愛する。

私たちは偶像を拝むことをしない。それは、単に禁止されているからではない。罰を恐れるからでもない。そうじゃなくて、偶像を拝むなんて考えもつかない、そんなことはしたくないという心にされているからです。それは私たちが信じたからかと言えばそうなんだけれども、でも信じることもやっぱり神さまがそうさせてくださった。だから、神を信じる。神を喜び、神を愛する思いを、神が与えてくださった。十字架によって贖い取られたというのはそういうことですよね。心に神さまの愛を刻んでいただいたってことですよね。もしそういう私たちを神さまから引き離そうとする人々がいるならば、神はその人々のために痛み、苦しみ、そして悲しまれる。御子の十字架によってご自分のものとされた私たちを、神さまはどんなことがあっても手離されないんです。私たちをご自分から引き離そうとするものがいるならば、神さまはそのことをとっても痛まれるんです。申命記に戻って、13章8節。

あなたはそういう者に（身内の者、神さまから引き離そうとする者のことです）同意しようとしたり、耳を貸したりしてはならない。そのような者にあわれみをかけたり、容赦したり、かばったりしてはならない。（13・8）

次はちょっと、いや、かなり厳しいです。

必ずその人を殺さなければならない。彼を処刑するには、まず、あなたが彼に手を下し、その後で、民全員が手を下すようにしなさい。（13・9）

とっても厳しい、ひどいなって思う。だけど、ここに込められている神の思いを知る必要がある。私たちがご自身から引き離されることを望まれない、どんなことをしてでもそんなことはさせないっていう、神さまの張り裂けるような思いがここにある。罰することが目的じゃない。そうじゃなくって、この言葉を聞いたみんなが、身内の者を誘惑し、神から引き離そうとしないようになる。これが神さまの願いだと理解する必要があります。

イスラエルはみな聞いて恐れ、二度とこのような悪をあなたがたのうちで行わないであろう。（13・11）

誘惑する人が必ず殺されなければならないというのは、そのように互いを誘惑し合うことを決して、二度としないためなのだと書いてあります。みんなが神さまの胸の中に留まることが目的なんです。ここでひとつ気をつけなければならないは、この申命記はすでに神さまを知っているイスラエルの民に向かって語られているっていうことです。だから今朝こうして教会に集っている私たち、神さまを知っている一人ひとりが互いに誘惑をしない、絶対しないって確認するのはよいこと。でも家に帰ったら、地域や職場に帰ったら、そこにはまだ神さまをほとんど知らない人たちがいるわけですよね。その人たちが「一緒に初詣に行こう」と言ったら石で打ち殺すのか。とんでもないですよね。

『BIBLE & LIFE 百万人の福音』（いのちのことば社）という月刊誌がありますけれども、来年（２０２０年）１月号から連載を始めることになりました。それは、読者からの質問について、私とゲストが対談しながら答えるというものです。第一回目はまだ読者がいないので編集部からの質問なんですが、それは「家族に初詣に誘われたのですがどうしたらいいでしょうか」。これ、どう思いますか。なかなか難問だと思います。今回は関西聖書神学校の鎌野直人校長と金井由嗣先生、そして私の三人でこの難問に答えるわけです。ここで全部しゃべっちゃうと楽しみがなくなりますので少しだけにしておきますが、いろんな答え方があるんです。

その中から三つくらい取り上げるんですが、まず「みんなで初詣に行くのね。それじゃあ私は教会でみんなの祝福を祈ってくるね」と別行動するという案。あるいは家族の動機が「今年もみんなが祝福されるように神社に祈りに行こう」っていうもっともな願いだったら「じゃあ私も、みんなの祝福を教会で祈ってくる」と応じる。それも答えの一つかと思います。あるいは初詣に行く動機が「お正月なんだから家族で一緒に過ごそうよ。一緒にお出かけして、楽しくしようよ」っていうことなら「じゃあ私はまず教会の新年礼拝に行って、後で合流するから」ということも可能かと思います。けれども、年末年始で少し落ち着いて家族と過ごせるということで「そうだよね、初詣って幸せを願いにいくんだよね。でも、本当の幸せってどういうことなんだろう」と話し合うことができるかもしれません。「本当の幸せって、健康とか、経済的に祝福されるとか、受験に通るとか、就職が決まるとか、もちろんそれもそうだけれども、それだけなのかな」って話し合うことができたら、ひょっとしてそんな会話を通して、家族が神さまのことを今よりもほんの少し知るかもしれない。何をも惜しまず私たちを愛しておられる神さまに、ほんのちょっとでも目が向くかもしれません。

まだ神さまを知らない家族が「初詣に行こう」と言って誘うことは、罪でもなんでもないと思うんです。神さまの願いは、彼らが神さまを知ることです。彼らが神さまを知ってイエス・キリストのいのちにあずかることです。まず、それが神さまの本当の願いだと知ること。そしていたずらに家族と対決するのではなく、忍耐強く、優しく接しながら、あきらめないで祈りのうちに、神さまの愛を語り生きることだと思います。

もしあなたの神、**主**があなたに与えて住まわせる町の一つで、よこしまな者たちがあなたのうちから出て、「さあ、あなたがたが知らなかったほかの神々に仕えよう」と言って町の住民を迷わせたと聞いたなら……その町は永久に廃墟となり、再建されることはない。(13・12〜13、16)

町ごと神さまを捨て、他の偶像の神々に行ってしまったというような場合ですよね。その町は永久に滅ぼされ、再建されることがない。なんとも激しい神さまの怒りがここにあると思います。でもこの神さまの怒りは、私たちがご自分の胸から連れ去られてしまうことへの怒りであって、わたしたちを愛するゆえの怒り、憤りである。このことも覚えなければならないと思うのです。

最初の方でも申し上げましたけれども、旧約聖書は新約聖書の光で読むことが大事です。ですから今日も一か所新約聖書を開きたいと思います。使徒の働き14章8節から。

さてリステラで、足の不自由な人が座っていた。彼は生まれつき足が動かず、これまで一度も歩いたことがなかった。彼はパウロの話すことに耳を傾けていた。パウロは彼をじっと見つめ、癒やされるにふさわしい信仰があるのを見て、大声で「自分の足で、まっすぐに立ちなさい」と言った。すると彼は飛び上がり、歩き出した。群衆はパウロが行ったことを見て、声を張り上げ、リカオニア語で「神々が人間の姿をとって、私たちのところにお下りになった」と言った。そして、バルナバをゼウスと呼び、パウロがおもに話す人だったことから、パウロをヘルメスと呼んだ。すると、町の入り口にあるゼウス神殿の祭司が、雄牛数頭と花輪を門のところに持って来て、群衆と一緒にいけにえを献げようとした。これを聞いた使徒たち、バルナバとパウロは、衣を裂いて群衆の中に飛び込んで行き、叫んだ。「皆さん、どうしてこんなことをするのですか。私たちもあなたがたと同じ人間です。そして、あなたがたがこのような空しいことから離れて、天と地と海、またそれらの中のすべてのものを造られた生ける神に立ち返るように、福音を宣べ伝えているのです。神は、過ぎ去った時代には、あらゆる国の人々がそれぞれ自分の道を歩むままにしておられました。それでも、ご自分を証ししないでおられたのではありません。あなたがたに天からの雨と実りの季節を与え、食物と喜びであなたがたの心を満たすなど、恵みを施しておられたのです。」こう言って二人は、群衆が自分たちにいけにえを献げるのを、かろうじてやめさせた。（使徒14・8〜16）

癒しの奇跡を行ったパウロとバルナバを恐れて、人々は神として扱おうとしたんです。動物のいけにえをささげようとした。人間にいけにえをささげるって非常に奇妙な感じがするんですが、実はこれには背景があります。この町には伝説があったんです。昔、ゼウスとヘルメスというギリシア神話の二人の神がこの町にお忍びで訪れた。ところが、人々は誰もこの二人の神々を喜んでお迎えしようとしなかった。彼らを迎えてもてなしたのはたった一家族だけだった。そこでゼウスとヘルメスはこの町の人々の冷淡さに怒り、洪水を起こして町を滅ぼした。そして、彼らを迎え入れた家族だけが助かったという伝説があったわけです。だから彼らはゼウスとヘルメスを拝んでいたんですが、それは恵みの神ではなかった。気紛れに町を訪れ、もてなしが悪いと言って町を滅ぼす、そういう恐ろしい神を彼らは恐れていた。何か間違いがあって、失礼があって、怒らせてはいけないという理由で拝んでいた。喜びからでも感謝からでもなく、恐怖心から拝んでいた。そのように、恐ろしい神を恐怖ゆえに拝んでいる人々に、パウロは恵みの神をここで知らせようとしています。

皆さん、どうしてこんなことをするのですか。私たちもあなたがたと同じ人間です。そして、あなたがたがこのような空しいことから離れて、天と地と海、またそれらの中のすべてのものを造られた生ける神に立ち返るように、福音を宣べ伝えているのです。
（使徒14・15）

彼はこう語り、いけにえを止めさせた。そして、福音を伝えているのだと言った。御子イエス・キリストの福音を伝えた。思いのままに人間を滅ぼすような神ではなく、人々を本当のいのちの喜びの中に生かすために、御子さえ惜しまなかった、恵みの神を伝えました。恵みの神が御子イエス・キリストを遣わしてくださった。その十字架と復活によって私たちの罪を赦し、神の子としてくださった。それが福音。**生ける恵みの神の福音**。この神さまが、この私たちを愛し、その御子の手のひらに私たちを刻みつけてくださった。御子イエスはその傷が痛む度に私たちを固く抱きしめ、決して手離されない。聖書は「この生ける神に立ち返りなさい」と、そのように語りかけています。恐れではなく喜びから、奴隷ではなく神の子だから、神を愛するこの私たちがずっと、神の胸の中に留まり続けることができるように、と。短く祈ります。

恵み深い天の父なる神さま、この朝も生ける真実の神が私たちに喜びを差し出し、「御子のいのちによって生きよ」と、そのように仰ってくださっていることをありがとうございます。互いに励まし合いながら、あなたの胸の中に留まります。そこから溢れ出るいのちがどうか私たちの家族を、世界を、社会を、地域を、友人たちを潤すことができるように、尊いイエス・キリストのお名前によってお祈りいたします。アーメン。

# 聖なる神の聖なる民

聖書　申命記14章3～22節

3あなたは、忌み嫌うべきものは、どのようなものも食べてはならない。4あなたがたが
食べてもよい動物は牛、羊、やぎ、5鹿、かもしか、のろ鹿《じか》、野やぎ、くじか、大鹿《おおじか》、野《の》
羊《ひつじ》。6ひづめが分かれ、完全に二つに割れているもので、反芻《はんすう》するものはすべて食べても
よい。7ただし、反芻するもの、あるいは、ひづめが分かれているものの中でも、らくだ、
野うさぎ、岩だぬきは食べてはならない。これらは反芻するが、ひづめが分かれていない
ので、あなたがたには汚れたものである。8豚もそうである。ひづめは分かれているが、反
芻しないので、あなたがたには汚れたものである。それらの肉を食べてはならない。また、
それらの死骸に触れてもいけない。
9水の中にいるすべてのもののうちで次のものを、あなたがたは食べてもよい。ひれと鱗《うろこ》

のあるものはすべて食べてもよい。10ひれや鱗《うろこ》のないものはすべて、食べてはならない。そ
れは、あなたがたには汚れたものである。
11きよい鳥はすべて食べてもよい。12しかし、食べてならないのは次のものである。禿鷲《はげわし》、
禿鷹《はげたか》、黒禿鷹《くろはげたか》、13黒鳶《くろとび》、隼《はやぶさ》、鳶《とび》の類、14烏《からす》の類すべて、15だちょう、夜鷹《よたか》、かもめ、鷹《たか》の
類、16ふくろう、みみずく、白ふくろう、17森ふくろう、野雁《のがん》、鵜《う》、18こうのとり、鷺《さぎ》の
類、やつがしら、こうもり。19羽があって群がるものはすべて、あなたがたには汚れたも
のである。それらを食べてはならない。20羽のあるきよいものはすべて食べてもよい。
21あなたがたは自然に死んだものをいっさい食べてはならない。あなたの町囲みの中にい
る寄留者にそれを与えて、彼がそれを食べるのはよい。あるいは異国人に売りなさい。あ
なたは、あなたの神、主の聖なる民だからである。あなたは子やぎをその母の乳で煮ては
ならない。22あなたは毎年、種を蒔いて畑から得るすべての収穫の十分の一を、必ず献げ
なければならない。

10月第二主日の礼拝にようこそいらっしゃいました。今日の午後から京都聖会です。どうかできるだけ参加して、そこにある溢れる神さまのいのちを感じていただければと思いま

す。ただ、証やメッセージの中で語られるその人の体験談に目を留めすぎて、私もこうしなければならないとか、こういう体験をしていないから私はダメなのだとか、決してそのように思わないでください。そこで見るべきは、そこに溢れている神さまのいのちの表れです。そこに目を留めていただきたい。本当は人間の体験なんかではかり知ることのできない神さまの愛、でも語られる体験の中にそのひとかけらが表れています。それを一緒に喜ぶ、そういう二日間であるように、祈っていただきたいと思います。

さて、今お読みいただきました聖書の箇所なんですけれども、これはいったい何なのか、と。私、真剣に、今日の説教題を「聖書はうなぎを禁じているか」にしようかと思ったんですけれども、それはちょっとアレだと思って止めておきました。

ひれや鱗《うろこ》のないものはすべて、食べてはならない。(14・10)

これにうなぎが該当するわけです。うなぎは食べてはならないのか。高いからそんなに食べないですけど、でも、禁じられると辛いですよね。先日からずっと「申命記12章以降はとても大切な所だ」と繰り返しお話ししてきたわけなのですが、そのつもりでここを読むと、一体どこが大切なのかわかりませんよね。食べてはいけない動物、魚、鳥、「羽があって群がるもの」って昆虫のことなんですが、延々とリストが続いている。これは聖書を読む人々を苦しめてきたところです。一体どう読めばいいのか。わりと支持されてきたのが、これは衛生上の配慮じゃないかという説。たとえば、牛はいいが豚はだめ。寄生虫がいたりするし中近東の暑い気候の中ですぐ悪くなる、だから食べてはならないという神さまの配慮ではないか。そういう説もあるんです。でも、聖書にはっきり書いてあります。

あなたは、忌み嫌うべきものは、どのようなものも食べてはならない。（14・3）

体に悪いからとか、そういうことじゃないです。「忌み嫌うべきもの」だから食べてはならないって。誰が忌み嫌うか。それは神ですよね。でも神は鰻が嫌い、ハゲタカが嫌いとか、そういうことではないんです。みんな、神が愛して造られたのです。神が忌み嫌われているのは、やっぱり偶像なんです。この忌み嫌うべきもののリストには、当時カナンで作られ、拝まれていた偶像のモデルが並んでいるみたいなんです。たとえば木や石、金属で蛇の形とかをかたどった偶像が作られ、拝まれていたわけです。問題は鰻じゃない、蛇でもない。その像を作って拝む、それが問題なんです。自分が世界の主人公だと勘違いして、偶像に頼んで、自分の生活を、周りの人を、そしてこの世界を自分の思うままに動かそうとする、それが偶像礼拝なんですよね。自分が主人公だ、周りの人はそうじゃないと思い込むから、傷つけ合うことになる。つまり、本当の主人公である神さまの胸の中から離れて生きようとするのが偶像礼拝、ということなんです。

どうしてこういうものを食べちゃいけないって言われているか。どうしてここに忌み嫌うべきもののリストが挙げられているのか。イスラエルは、これからヨルダン川を渡ってカナンへ入っていく。カナンに入っていくと、そこにはいっぱい偶像があるわけです。それを見た時に、イスラエルは互いに思い起こさせ合うべきなのです。「あ、ここにこんな偶像があるぞ。これは食べてはならない動物をかたどった偶像だな。神さまはご自身がこういう偶像を忌み嫌うと予め教えてくださっていたぞ。神さまはこういう偶像を忌み嫌われる、お嫌いなんだ。私たちもこれを忌み嫌おう。神さまが嫌うものを嫌って、このカナンでも神さまの胸の中を歩いていこう」と互いに忘れないように、思い出させ合うための教えなんです。だから、鰻、食べてください。家計に響かない範囲で、どんどん食べたらいいと思います。大事なことは、私たちが互いに助け合いながら、神さまの胸の中で生きることを忘れないこと。

そのことを思い出させ合うこと、助け合うこと。それが、ここで言われていることです。もうひとつ、21節にはまた変わったことが出てきます。

あなたがたは自然に死んだものをいっさい食べてはならない。(14・21)

道で倒れて死んでいる動物を拾って食べちゃいけない。これも衛生的な理由ではないんです。そうじゃない。ここに関係しているのが12章なんです。ちょっと開いていただきましょうか。

あなたの全焼のささげ物はその肉と血を、あなたの神、**主**の祭壇の上に献げなさい。(12・27)

屠った動物の血は献げなければならない。その理由が12章23節。

ただ、血は決して食べてはならない。血はいのちだからである。いのちを肉と一緒に食

べてはならない。(12・23)

血はいのちだと書いてあります。現代の私たちにはよくわからないんですが、当時の人々は血にいのちが宿っていると考えていた。いのちというのは、人間のものであれ動物のものであれ、神さまが与え、神さまが取られるんです。つまり、いのちは神さまのものなんです。ですからそのいのちを自分の思うままにするのではなくて、大切にしなきゃいけない。このいのちは神さまにあるんだってことを私たちが覚えておくために、血を飲んではいけないのです。私たちが厳かな思いと恐れを持って、神さまの御前でいのちのことを取り扱うためです。ヨーロッパにはブラッドソーセージという、血を原料にした腸詰ソーセージがありますけれども、聖書はブラッドソーセージを食べてはいけないと言っているのではない。そういうことじゃないんです。そうじゃなくって、「すべての生き物は神さまのものであることを忘れるな。すべてのいのちは神さまのものであることを忘れるな。自分が主人公気取りになって思うがままにふるまうんじゃない。人や動物のいのちを思うがままに扱うのでもない。血はいのちだから食べてはならない、と聞くたびに、誰が主人公であるか、いのちを支配しておられるお方は誰なのかということを思い出せ」と聖書は教えています。私たちは自分が主人公でないと知った一人ひとりです。自分の思うままにではなく、神さまの胸の中で生きていく一人ひとりです。そういう私たちの生き方は当然、他の民とは違ってきます。神さまの胸の中で生きる者の生き方は、他の人々と違っています。

あなたは、あなたの神、**主**の聖なる民だからである。**主**は地の面のあらゆる民の中からあなたを選んで、ご自分の宝の民とされた。（14・2）

**主の宝の民**。私たちは神さまの大切な宝もの。だから、私たちは鰻を食べてもいい、ブラッドソーセージを食べてもいい。でも食べ方は違ってくるでしょう。たとえば、この食べ物を与えてくださった神さまに感謝して、仲間と共に喜んで食する。食事だけじゃない。お金や時間の使い方も、私たちが神の胸の中で生きるのならば、自然に違ってくる。特にイエス・キリストを知っている私たち、イエスによって神の子とされた私たちは、新しいいのちを与えられました。つまり新しいいのちが私たちに流れ出すんです。「流れ出す」っていうのは私たちが「ひねり出す」のとは違う。自然に流れ出すんです。神の子とされた私たちから、愛やいのちや喜びが流れ出す、そういう生き方がもう始まっている。新しいいのちを与えられたんです。新しいいのちを生きる者とされたんです。だから何かをする時に「これ食べちゃいけないいんじゃないか、あれしちゃいけないんじゃないか」って裁きを恐れるんじゃなくて、そうじゃなくって、新しいいのちそのものが、新しい生き方を生み出してゆく。余談ですが、エホバの証人が申命記を理由に輸血を禁じていますが、それは当時の人たちが動物の血を食べるというのとは全く関係ありません。もっというならば、献血というのは新しいいのちの生き方にふさわしいです。他の人たちのいのちのために私たちの血液を提供する、これは神さまが本当に喜ばれることだと思います。

問題なのは輸血じゃない、鰻じゃない、ブラッドソーセージじゃない。新しいいのちにふさわしい生き方が問題なんです。いつも、聖書の本質を聴くようにしたいと思うんです。神さまは愛。そのことを忘れないでください。神さまは痛みを抱えながら私たちを愛してくださっている。分かりの悪い私たちをあきらめることなく、ずっと愛し、教え、抱きしめ続けてくださる。その神さまの胸の中で、私たちは成長していく。そのことを忘れないでいただきたい。そうすれば聖書を大きく読み間違えることはありません。神さまが与えてくださった新しいいのちは私たちを縛るものではない。そうじゃなくって、私たちを解き放つ。新しいいのちの生き方に、私たちを解き放つ。

もうすぐ10月16日、世界食糧デーという日がきます。「あなたの一食分を世界の飢えている人々のために寄付しましょう」という呼びかけがなされます。僅かなことかもしれない。でも「私の一食分」って考える時に、何かそこに私のいのちが表れているなって思うんです。文字通り一食抜くわけではないかもしれないけれども、でもそのような思い、そのような心、そこまでしてでもささげたいという思いって、本当に新しいいのちの生き方に相応しいと思います。そういう事柄が世界の破れを繕っていく、新しいいのちが世界の破れを繕っていく。そういういのちが、もう私たちに始まっている。そのことを喜びたいと思うんです。

**聖なる神の聖なる民の新しい生き方**は地上の生涯で終わるんじゃなくって、死の向こうまで続いていきます。

あなたがたは、あなたがたの神、**主**の子どもである。死人のために自分の身を傷つけたり、また額を剃り上げたりしてはならない。(14・1)

この当時カナンの人々は、身内が亡くなると自分の体に傷をつけたり、額をそり上げたりしていたそうです。ひとつには、それは悲しみの表し方であったのだろうと思います。親しい者の死を悲しむ気持ちはすべての人々に共通でしょう。けれども、神の子とされている私たちは、神さまを知らない人々とやっぱり悲しみ方が違う。違わなければならないというより、自然に違ってくる。異教の神々を拝んでいる者たちは、死者が出ると自分を傷つけたりしていた。そういう風習の細かい部分がどうだったのか、大昔のことなのでわかっていないことがたくさんあります。しかし、わかっていることもあって、それはこれらの人々にとって死というのがあってはならない異常なことだったということです。死はあってはならないことなんです。ですから、自分で自分を傷つけてひとつの災いを作り出すことで、「こういうふうにもう十分災いが来ていますから、もう通り過ぎてください」と、死というもっと大きな災いを過ぎ去らせようとしたのではないかとか言われています。自分を傷つけてでもそこから逃れようとする。それだけ死に対して深い恐れ、恐怖を持っているってことですよね。

しかし、神の民はそういうことはしない。なぜなら、神の民は人の死を異常で、あってはならないことだと恐れる必要がないからです。親しい者の死は、もちろん悲しいものではありります。また、自分の死を思う時に、みな恐ろしさを感じる。それは神の民であっても同じことです。だけど、神の民である私たちがそんな耐えがたい悲しみや恐れを味わうのは、神の胸の中で、なのです。神の胸の中で、神に抱かれながら、耐えがたい痛みをそこで味わっている。これが違う。だから恐れることはない。恐ろしくても恐れることはない。怖かったら怖いと言ってもいい。神の胸の中で、神に「怖い、悲しい、いたたまれない」と、そう申し上げたらいい。人のいのちは神が与え、導き、取り去られます。死もまた、神のご支配のもとにある。私たちは神の胸の中で生き、神の胸の中で死ぬ。死んでいく時も神の胸の中だと、このことを覚えておいてほしい。

しかし、私たちはもっと素晴らしいことを知っている。それはイエスが復活なさったことです。復活された。死の力に神は打ち勝たれたんです。イエスの十字架と復活によって、死はその力を奪われた。死は私たちを滅ぼすことができない。暗闇の中に縛りつけておくことができない。私たちを愛する者たちから引き離し続けることを許されない。死は勝利に飲まれてしまった。私たちも復活する。私たちが愛する者たちも復活する。だから新しいいのちに生きる私たちにとっての死は、もはや神さまを知らない人々が考えている死とは違うんです。愛する者の死も、ひと時の眠りに過ぎない。やがて彼らは復活する。神の胸の中で復活して、私たちも復活して、いつまでも共にいる。神の胸の中で生き、神の胸の中で死に、神の胸の中で復活する。そういう仲間が今ここに集まっています。

あなたは毎年、種を蒔いて畑から得るすべての収穫の十分の一を、必ず献げなければならない。（14・22）

ここは教会でよく言われる什一《じゅういち》献金、十分の一献金の根拠となっている箇所です。けれどもこれは、収入の十分の一を税金のように差し出さなければならないという掟ではありません。このことをぜひ覚えておいていただきたいのです。イスラエルが十分の一を持って行った時に何が起こるか。

主が御名《みな》を住まわせるために選ばれる場所、あなたの神、主の前であなたの穀物、新しいぶどう酒、油の十分の一、そして牛や羊の初子《ういご》を食べなさい。……そしてあなたの神、主の前で食べ、あなたの家族とともに喜び楽しみなさい。（14・23、26）

何のために十分の一を使うかというと、自分で食べるんです。家族と食べるんです。神さまは献げられた十分の一を一体何に使われるのか。それをイスラエルに振舞うんです。イスラエルの人々は神さまの振る舞いに与る。普段は中々お腹いっぱいまで食べることができないかもしれない。でもこの時は、収穫の十分の一を数日で食べるわけですから大変な大盤振る舞いです。神さまが何か食べ物を必要とされているわけではありません。むしろ必要があるのは私たちですよね。その私たちに「家族と共に喜びなさい」と与えてくださる。神が与えてくださったものを喜ぶということは、すなわち神さまが喜ぶということです。だから「神さまありがとう、神さま美味しいです」と言って喜べばいい。家族にも「さあ食べよう。今日は腹がはちきれるまで食べたらいい。心ゆくまで、神さまの振る舞いに与ろうじゃないか。神さまの愛を、心ゆくまで味わおうじゃないか。神さまは本当に素晴らしいよな。私たちの大切な、大切な神さまだよね」と、そういうふうに喜べばいい。そういうふうに喜んでいる民は、神の喜びです。神は、またそういうわたしたちを喜んでくださっている。

イスラエルはこの十分の一をささげるために、国の隅々から長い旅をしてやってきます。時間をささげているんです。その間に何か仕事をすれば、もうちょっと収入が得られるかもしれない。でもそうじゃなくて、ただ神の前にいるために、神の前で喜ぶために、彼らは時間をささげる。時間をささげる、ということは人生の一部をささげる、ということですよね。私たちは今ここで、この一時間、人生の一時間を神さまにささげています。いのちをささげています。神はそのことを喜んでおられる。神はお金を喜ばれるのではない。神は私たちを喜んでおられる。私たちが自分自身をささげていることを、神は何よりも喜んでくださっています。週報にローマ人への手紙12章1節を掲げております。

あなたがたのからだを、神に喜ばれる、聖なる生きたささげ物として献げなさい。
（ローマ12・1）

神さまに自分自身を、生きた供え物として、受け入れられる供え物としてささげる。献金はそのことの具体的な、目に見える表現にすぎません。考えてみれば献金を神が使っているかというと、そうじゃないですよね。牧師の謝儀にあてたり、この会堂を維持したり、この私たちが礼拝を守って教会として活動してゆくために、実際には私たちのために使っているわけですよね。神さまは私たちが献金したって何も得をしない。しかし、損得の問題じゃないんですけど、神さまにも報酬がある。それは私たちが神を喜ぶ姿です。それが神への、最大の報酬であるということを覚えていただきたいと思うのです。また自分自身を主におささげすることによって私たちが貧しくなることは決してない、そのことも覚えておいていただきたい。貧しくなるどころか、私たちは解き放たれてゆく。むしろ、自分が主人公だと思って「これは手離してはならない」と握りしめている物から私たちは解き放たれて、ますます生き生きと生きるようになっていきます。豊かになってゆく。私たちの内の新しいいのちが、ますます豊かになって、私たちの内から生ける水が川となって潤しこの世界の破れを繕ってゆきます。

短くひとこと祈ります。

恵み深い天の父なる神さま。こうして愛する方々と共に、この朝もあなたの胸の中で、あなたのことばを聞きました。どうか私たちを解き放ってください。この新しいいのちの、このただ中で、あなたを喜び、互いを喜び、この喜びが世界にあふれ出ていくことができますように。尊いイエスさまのお名前によってお祈りいたします。アーメン。

# 心を閉じてはならない

聖書　申命記15章1～10節

1 あなたは七年の終わりごとに、負債の免除をしなければならない。2 その免除の仕方は
次のとおりである。貸し主はみな、その隣人に貸したものを免除する。その隣人や同胞か
ら取り立ててはならない。主が負債の免除を布告されたからである。3 異国人からは取り
立ててもよいが、あなたの同胞があなたに借りているものは免除しなければならない。4
もっとも、あなたの神、主が相続地としてあなたに与えて所有させようとしておられる地
で、主が必ずあなたを祝福されるので、あなたのうちには貧しい人がいなくなるであろう。
5 ただしそれは、もしあなたが、あなたの神、主の御声に確かに聞き従い、私が今日あな
たに命じるこのすべての命令を守り行ったなら、である。6 あなたの神、主はあなたに約
束したようにあなたを祝福されるから、あなたは多くの国々に貸すが、あなたが借りるこ

とはない。また、あなたは多くの国々を支配するが、彼らがあなたを支配することはない。
7 あなたの神、主があなたに与えようとしておられる地で、あなたのどの町囲みの中ででも、あなたの同胞の一人が貧しい者であるとき、その貧しい同胞に対してあなたの心を頑なにしてはならない。また手を閉ざしてはならない。8 必ずあなたの手を彼に開き、その必要としているものを十分に貸し与えなければならない。9 あなたは心によこしまな考えを抱き、「第七年、免除の年が近づいた」と言って、貧しい同胞に物惜しみして、何も与えないことのないように気をつけなさい。その人があなたのことで主に叫ぶなら、あなたは罪責を負うことになる。10 必ず彼に与えなさい。また、与えるとき物惜しみをしてはならない。このことのゆえに、あなたの神、主は、あなたのすべての働きと手のわざを祝福してくださるからである。

10月第三主日の礼拝にようこそいらっしゃいました。申命記には不思議なことが色々と書いてあるんですけれども、今日の箇所もその一つですね。

「あなたは七年の終わりごとに、負債の免除をしなければならない。」（15・1）

ちなみに聖書では数字にふり仮名《がな》は打ってないんで、「ななねん」と読んでもいいし、「しちねん」と読んでもいい。一緒に声を合わせて読むときに違ってしまうかもしれませんが、どちらでもよいと思います。「七年の終わりごとに、負債の免除をしなければならない。」私たちは普通、借りたものは返さなければならないと思っています。そうなんです。借りたものは返さなければならない。そうじゃなければ、信用によって成り立っている現代の経済は成り立たなくなってしまう。クレジットカードや銀行のローンでお金を借りるっていうのは、返してもらえるというのが前提にあるから成り立っているわけです。借りたものを返さなくてもよいということになると、経済がめちゃめちゃになってしまう。

一方で、借りたお金が本当に返せなくなると、やっぱりとっても大変なことになるわけです。いくら頭を下げたって許してもらえない。「頭下げたってだめだよ。お金返さないとだめだよ」と、どこまでも責任を追及される。「いや、家族が本当に困っているんです」と言ったって、「それはあなたの責任でしょ」と言われてしまう。最悪の場合、破産に追い込まれ、持ち物をみんな差し押さえられたりする。中にはそういうことで悩んで、自ら命を絶ってしまうような人もいるわけですよね。

何ということだろうかと思うんです。それが当たり前の社会に生まれて、ずうっとその中に住んで、そういうルールの中で生きているから、私たちは「これは仕方がない、そうならないように気をつけるしかないんだ」と自分に言い聞かせている。でも気をつけていても、どうしてもいろんな理由で、借りたものが返せなくなるということが起こるわけです。確かに、私たちは信用によって成り立つ社会から恩恵を受けている。若くてもローンを組んで家を建てられるというのはそのおかげ。ただ、その裏側には非常に厳しい現実もあると思うんです。しかし、神さまはこうおっしゃる。

その免除の仕方は次のとおりである。貸し主はみな、その隣人に貸したものを免除する。その隣人や同胞から取り立ててはならない。**主**が負債の免除を布告されたからである。（15・2）

当時のことですから、お金のことだけじゃなかったかもしれない。羊とか何か、お金以外のものであったかもしれない。もし誰かに何かを貸してその人が返せなくなった時、貸した人は、その困っている隣の貧しい人から取り立ててはならないんです。現代の言葉で言えば、債権を放棄しなければならない。私たちだったらそこで「本人が払えないなら連帯保証人に払ってもらったらいい」って考える。でも「その隣人や同胞から取り立ててはならない」と書いてある。家族や関係者から取り立てることも禁じられている。ですからお金を貸して、その人が返せなくなったら取り立てることができない。本人からもできないし、その一族からも取り立てることができない。そうなると私たちはこう考えるわけですよ。「貸したって返してもらえるかわからんのやから、もう貸さんとこか。」ところが7節。

あなたの神、主があなたに与えようとしておられる地で、あなたのどの町囲みの中ででも、あなたの同胞の一人が貧しい者であるとき、その貧しい同胞に対してあなたの心を頑なにしてはならない。また手を閉ざしてはならない。(15・7)

ここでいう「同胞」というのは家族兄弟ではなく、同じ町の仲間のことです。返してもらえるかどうかわかんないから貸さないなんて、そんなことをしてはならない。必ず貸さなければならないんです。ただ貸すだけじゃなくって、8節。

必ずあなたの手を彼に開き、その必要としているものを十分に貸し与えなければならない。（15・8）

町の中に困っている人、苦しんでいる人がいないか。そういう人を見つけて十分に貸すように、と。いや、これは大変なことですよ。こういうふうに生きるとなると、貸す側の生活も影響を受ける。余裕があるから貸すというよりも、町中の貧しい人を探すようにして貸して、そして取り立てない。「神さま、そこまでやらないかんのですか」と言いたくなるようなことを求めておられるわけです。しかし、ここで神さまが教えておられるのは神の民の生き方。神の胸の中で生きる者たちが神を信頼し、神が与えてくださるものを喜び、与えられたものを分かち合っていくという新しい生き方がそこにある。こうしなければならない、しなかったらバチが当たるからとか、そういうことじゃない。「あなたは神の民として神さまの胸の中で生きているのだから、神を信頼して思う存分貸したらいい。与えたらいい。」そういう生き方を教えておられます。

教会でお金の話をするのはめちゃくちゃ難しいです。いろんな人がいる。いろんな経済環境で、いろんな苦労をしている人がいるわけで、一概にこうしなさいということはできないですよね。カルトはそういうことをよくやります。教会と名乗りながらも実際はお金を集めようとしているので、「こうしないと神さまは喜ばれない。もっとささげないといけないんだ」とマインドコントロールして人々の心の自由を奪い、お金を持ってこさせようとします。そういう団体はたくさんある。そういうのに引っかからないように、私たちは気をつけなければならないと思います。自由なんです。私たちは自由なんです。「こうしなければならない、もっと献金しなければならない」と責め立てられ、コントロールされてはならない。私たちは自由です。お金の使い方だって私たちの自由です。生き方も自由。そしてその自由は誰にも奪われてはならない。

神さまは、決して私たちの自由を奪おうとなさっているのではない。そうじゃなくて、ますます私たちを解き放とうとしている。先ほどの7節の最後のところ。「あなたの心を頑なにしてはならない。また手を閉ざしてはならない。」手を閉ざさないというのは、手に握っているお金を手放す、あげるっていうことです。でも、問題は手だけじゃない。お金だけでもない。心なんです。貧しさに苦しむ仲間に対して、あなたの心を頑なにしてはならない、閉じてはならない。自分の心を自分のことだけに留めて閉じ込めてしまうなら、それは自由ではない。私たちは神の胸の中で仲間と共に生きるんです。仲間を喜び、神と共に喜んで生きていくんです。だから、仲間の苦しみに対しても心を開いて生きていく。それが神の胸の中で生きる自由な生き方。それは神がくださった自由を、本当に心いっぱい喜び祝う生き方なんです。ただ単に「互いに助け合っていきなさい」ということだけだったらどんな文化でも言います。どんな社会の中にも相互扶助っていうのがあるわけです。でも、聖書は独特なんです。できる範囲で助け合いなさいというんじゃなくて、七年目にすべての負債を免除しなさい、と。これは独特ですよね。

我慢できないことだと思いませんか。自分が一生懸命働いた、自分の財産ですよ。自分のお金でしょ。それを善意で困った人に貸してあげたんです。その人は「この人は自分ほどには努力しなかったんだな」とか「一生懸命働かなかったんだな」と思うような人かもしれない。あるいは「知恵を持って自分の財産を運用しなかった」と思えるような人。そんな人に、自分が汗水たらして稼いだ大事なお金を貸してあげた。そうしたらね、返って来ない。しかも「取り立ててはならない」なんて、普通は「そんなのひどいじゃないか」と思う。「なんでこんな掟を定めたんですか、神さま、不公平じゃないか」と思います。

先週は、ある国へ遣わされてまいりました。みなさまからも尊いお祈りと援助をいただいて行ってまいりました。本当に感謝でした。「聖書の大きな物語は何を語っているか、物語の神学を教えてください」という依頼を受けて行ってまいりました。そこでお語りしたのは「この聖書は全体を通して、神さまが主役の、神さまの物語なんだ」ということです。「私たちが主役じゃない。私たちは自分が主役だと思うと、自分の好きなように世界を動かそうとする。神さまなんか無視して、愛することもしなくなる。自分が主役だから、家族も周りの人もみんな脇役だと勘違いして、『主役の私の言うことを聞けないのか』と言ってトラブルを起こす。また世界のいろいろな動植物を絶滅させたり、あるいは化石燃料を湯水のように使って環境の変化を招いたりしてしまう」

「私たちは主役じゃない。神さまがこの世界の主役なんだ。それを知るならば、私たちの生き方が変わってくる。この神さまという主役は、愛する主役なんです。御子を十字架に架けてくださった。そういうお方がこの世界の主役なんだ。神さまが主役で、この主役はどこまでも愛する方だということを常に頭に置いて聖書を読んでください。そしたら神さまのなさりかた、神さまの思い、神さまの体温とでもいうべきものがわかってくる。人々がたちまち異端に走ってしまうというけれども、でも異端対策に一番有効なのは、聖書を神さまの胸の中で読み続けること。そしたら神さまがどういうお方か、わかってくるから。異端が奇妙な熱さを持って誘ったとしても、また奇妙な冷たさで何かを断じたとしても、それは神さまの体温とは違うということがわかる。聖書が一冊あればそういうことができる。」そういうことをお話しして参りました。

今日の聖書の箇所も、なんだかおかしな箇所だけれども、これもまた神の胸の中で味わうならば、見えてくることがあります。それは、私たちの人生を何度でもやり直させたいと願っておられる神さま。何度でも私たちを立ち直らせたいと願っておられる神です。ずっと負債を抱えている人は、やり直すことがなかなかできないんです。収入があってもすぐに負債の返済に回っていくことになるから、いつまでたってもぎりぎりの生活をしなければならない。貧しさがずっと続いていく。望みがない……。

でも神さまは私たちが望みを持って、喜びを持って生きることをせつに望んでおられます。私たちが立ち上がり、立ち直ることを願っておられるお方です。それは、経済的な意味だけじゃないです。私たちはみな罪を犯してきた。言葉において、行いにおいて、思いにおいて、愛することができなかった。しばしば自分の罪に打ちひしがれ、自分を責める私たち。そうやって自分を責めながらも「罪の力が強いから抜け出せない」と言い訳している私たち。まるで重い負債を背負うように、罪の責めの重さで背中を曲げてうずくまっているような私たち。だけどそういう私たちを、神さまは、御子イエス・キリストの十字架で贖《あがな》ってくださった。赦してくださった。罪の支配から解き放ってくださった。私たちが真っすぐに立って歩くことができるようにしてくださったのです。だから私たちはやり直すことができるんです。何度、罪に打ちひしがれることがあったとしても。何度、過去の罪が私たちを責めることがあったとしても、十字架を見上げて、何度でも、何度でも、何度でもやり直すことができる。立ち上がることができる。神さまがそうさせてくださる。

神さまは私たちの罪の負債を赦してくださった。そして、私たちに願っておられるんです。仲間が自分に犯した罪を赦すように、あるいは、仲間が自分に負っているさまざまな負債を赦すように、と。不公平です。私たちは損をするわけです。本当は自分のものを一時的に貸してあげただけなのに、返ってこない。損ですよね。でも神はそこで「そうだ、損だ。その損をしてくれないか」と訴えておられる。「仲間が立ち直り、まっすぐに歩くことができるために、あなたには損をして欲しい」と、そうおっしゃる。誰よりも損をしてくださったのは、実は神。御子イエス・キリストを十字架上で死なせてくださった。心が引き裂かれるような、そういう断腸の思いをしてくださった神が、「あなたも私と同じように、あなたもあなたの大切なものを損してくれないか」と言われる。しかし神の願いは、ただ負債を赦すだけではないのです。

もしあなたの同胞、ヘブル人の男あるいは女が、あなたのところに売られてきて六年間あなたに仕えたなら、七年目には自由の身として、あなたのもとから去らせなければならない。その人を自由の身として去らせるときは、何も持たせずに去らせてはならない。（15・12～13）

イスラエルの奴隷というのは、そんなにひどい扱いを受けていたわけではありません。負債がある人が誰かの所へ行って羊や牛の世話をする仕事をしたり、あるいは家の中のことをしたりと、召使になる。そうやって働いて負債を返すのが、ここで言われている奴隷です。だけど、どれだけ莫大な負債があったとしても七年経ったら、実際には七年目に解放される。六年以上奴隷でいる必要はないのです。何億円借りても、六年間働いたらもうそれでおしまい。貸した方は「こんなに大きな負債をたった六年で赦してやるなんて」と思うかもしれませんが、しかしそれだけじゃないんです。何も持たせずに去らせてはならないんです。無一文で出て行けば、結局また誰かに借りるしかないじゃないですか。だからお金かもしれない、あるいは羊や牛かもしれない、とにかくこれからを生きていくための元手を与えて送り出しなさいというんです。神さまが「何も持たせずには去らせてはならない。その人も大切なわたしの子で、あなたの仲間なんだ。仲間が立ち直るために与えてやってほしい」とおっしゃる。大切な仲間が立ち直るために、と私たちを用いられる。互いに仲間をケアさせる。神さまはそういうお方です。もちろん、与える人がどこから与えるかというと、神から頂いたものからですよね。神は「あなたに預けているものを、仲間が立ち直るために用いなさい」と、そうおっしゃるわけです。

しかし私たちは中々賢いですから、七年に一度の安息年、負債が免除される日が近づいてくると、こういうふうに考えるだろうと思うんです。「もうすぐ七年に一度のあの日がくる。今貸したらすぐ免除になって、ほとんど返してもらえない。免除になってしまう。だから今年は貸さないでおこう。」しかし、神さまはそういうのを見逃さないですね。

あなたは心によこしまな考えを抱き、「第七年、免除の年が近づいた」と言って、貧しい同胞に物惜しみして、何も与えないことのないように気をつけなさい。その人があなたのことで主に叫ぶなら、あなたは罪責を負うことになる。(15・9)

「そういう考え方は邪念だ、よこしまだ、罪だ」と、神はおっしゃるわけです。目の前にいる兄弟を助けないのなら、それはよこしまな思いであり、よこしまな生き方だと。

必ず彼に与えなさい。また、与えるとき物惜しみをしてはならない。（15・10）

物惜しみしてはならない。物惜しみして、しぶしぶ与えるんじゃなくって、このことによって仲間が立ち直ることができるなら、喜べ。「言われたとおりにやったから、それでいいでしょう」としぶしぶ従うんじゃなくて、喜べ。仲間が立ち直ることを喜べ。「わたしが喜ぶから、あなたもそれを喜べ」と神がおっしゃる。心の問題、生き方の問題なんです。やったかやらないかということじゃなくて、「新しい生き方が生み出すところの喜びがあなたにあるか。その喜びを手に入れなさい。そして、わたしと共に喜ぼう」という、喜びへの招きなんです、これは。じゃあ、もしですね、もし貧しい仲間に貸したことによって、貸した人が貸し倒れになって、貧しくなっちゃったらどうするのか。困っちゃったらどうするのか。食べていくことができなくなったらどうするのか。その時は、今度は自分が借りにいくんです。「兄弟、私は多くの人を助けました。今、私は困っている。私を助けて欲しい。」そうやって互いに支え合って生きていく。それがイスラエルの生き方なんです。神の胸の中で生きる、神の民の生き方なんです。

「じゃあ、私たちはどうしたらいいんだろう」と思われるかもしれない。もちろん現代の日本で、この申命記の文字通りというわけにはいかないと思います。困っている親戚が「百万円貸してくれ」とやって来たらどうしたいいのか。百万円、なくはないけれど、それがなくなると困る。それに、そこで百万円貸してあげるのがよいことかというと、必ずしもそうではないと思うんです。大切なのは、その人が立ち直ること。安易にお金が借りられるとわかると逆に味をしめたりしてね、駄目になってしまうかもしれない。私たちは知恵を持って対処しなければならない。でもだからと言って「お金は絶対貸しません」といつでもどこでもそれがいいかというと、そうじゃないこともあるだろうと思うわけです。問題は貸すとか貸さないとかそういう白黒単純な話ではなくて、私たちの仲間であるこの人が立ち直るために、本当に必要なことは何だろうということ。心を用い、思いを巡らし、色々な方々にも相談してみる。それが心を閉じない生き方です。貧しい仲間、苦しみの中にある仲間が立ち直ることを願う生き方。そのための手助けや、祈りを惜しまない生き方。

おそらく現代では、ただお金を貸すだけでは上手くいかないことが多いと思います。むしろ、どうしてその人が窮地に陥《おちい》っちゃったのか、その原因までさかのぼらなきゃいけないでしょう。依存症があるかもしれない。心の病があるかもしれない。それならまずそういうケアをしなければ、いくらお金をつぎ込んでも問題は治っていかない。あるいは、ひょっとしたら背後にいろいろな家族の問題、DVの問題、そういうものがあるかもしれない。それにはそれに相応しい助けが必要だろうと思うんです。そして何よりも、その人のことを心にかけて、見守り続け、励まし続け、とりなして祈り続ける。続ける。続ける。一度お金をあげておしまいというのじゃなく、その方が立ち直るために心を用い続ける。そういう仲間であることを神は願っておられます。それは与える人生。損する人生。主イエスのように損して生きる人生。でもそれは神が願っておられる、価値ある人生。

みなさんはそれぞれに家族や知り合いがいるわけです。私たちを通して、私たちの手を用いて立ち直らせたいと願っておられる人を、神は私たちのまわりに置いておられます。そして多くの賜物、知恵、あるいは仲間をも与えてくださっている。でも、自由なのです。その知恵を、その財産を、神が与えてくださったものをあなたが何のために用いるか。それはあなたの自由。神があなたに任せて、委ねてくださっている。

私たちの周囲を見渡してみたいと思うんです。「この人にはとりわけ助けが必要だ」と、そのように関心を持っておられる人々がいるでしょうか。家族の中に、地域の中に、そういった方々がおられないでしょうか。世界に目を向けたらどうでしょうか。もうすぐ世界食料デーという、世界の飢餓をゼロにしようというアピールの日も巡ってきますけれども、そういったことも神の関心の中にあると思います。私たちはそれぞれ使命が違う。でもどなたにも必ず、立ち直らせるべき友人、家族がいると思います。あなたに与えられている使命はどこにあるでしょうか。どうか私たちが丁寧に、また本当に喜びを持って、それぞれに与えられた使命を果たしてゆくことができたならと願います。短くひとこと祈ります。

恵み深い天の父なる神さま。私たちが本当にもう何もなかったこととして手離して、仲間との交わりを絶やすことなく続けていけるようにと、イエス・キリストが十字架の上で私たちの罪を免除してくださったことを、ありがとうございます。どうか私たちを通して誰かが罪の縄目から、また色々な悩みの縄目から解き放たれ、立ち直ることができるように、神さま、私を遣わし、用いてください。大きなことではなくても、小さなことをその人のために忠実に、丁寧に、行わせてください。尊いイエス・キリストのお名前によってお祈りします。アーメン。

# 焚き火を囲む校正者のおまけ集——解説に代えて

山田風音

## 美しく与え合うために

　創世記3章のストーリーをお語りになる中で主語が揺れます。アダムとエバのストーリーだと思って読むといつの間にか人間全体の話になっている、そして気がつけば「私たち」の経験として語られている。校正者として朱を入れようかと悩みましたが「いや、聖書の読み方としてはこれが王道だ」と思い直しました。まるでカメラのズームを切り替えるように、アダムとエバの姿に歴史的存在を見るだけではなく、そこに人類全体を、私たち「小さな群れ」を、そして先輩ご自身を見い出しておられる。（だからアダムとエバの思いを代弁しちゃう！）ここに聖書を読む極意がギュッと凝縮されているような気がします。

また前巻からずっと十誡で、物語としては停滞してるように思っていたのですが、決してそんなことはない。先輩は十誡をさえ「三つの破れについての物語」として読んでおられることに気づき、目からうろこでした。十誡が物語だなんて考えたことなかったけど、そう言われるとスっと腑に落ちるから不思議です。

この原稿を読んでいる今は、ウクライナ侵攻が始まってちょうど一か月。「本当に人が美しく生きることができるのは……人間が作った軍隊にもよらない。」「不安や恐れから本当に人を解き放つのは、神さまだけだからです。」「小さな群れである私たちが愛し合うことの延長線上に……回復がある。」時間を越えて、励ましとチャレンジが届いています。

## 聞け、イスラエル

「みことばの湯治」っていつもおっしゃっていますが、改めてすごいイメージだなと感じます。だって聖句箱を額や手に巻き付けるどころじゃない、みことばに包まれて全身みことばに接しているということですから!

でもふと現実を振り返れば、どうしてもみことばは無味乾燥に感じる。読んでもどうも心が温まらない。あるいは湯治どころか、みことばに切りつけられるような感覚さえある。ああ、みことばが本当に温泉のように感じられたらどれほどよいだろうかと思います。そしてそう感じられないのはなぜなのだろうかと考えてしまいます。

今日の説教の中にひとつ、ヒントがあったような気がしました。「みことばは私たちに神さまの愛を知らせ、私たちの内に神さまへの愛を起こさせる。ただ正しいだけじゃなくて、愛を知らせ、愛を起こさせる。」ああ、私はみことばの読み方をずっと間違ってきたのかもしれません。「何が正しいか」しか読み取ろうとしなかった。知らず知らずのうちに「これは正しさについての本です」と思い込んでいたのかも。

確かに読むと心が、傷が痛む。でもそれはみことばに切りつけられているのではなくて、もともとの私の傷にみことばが染みるから。愛がそこから染みこもうとしている痛み。そしてまた、それは神さまご自身の愛の痛みなのかもしれない。そして、目を上げると先輩をはじめ、教会みんながそこに浸かっている……。コロナが終わったらみんなで温泉もいいですね。

## 主があなたを恋い慕って

「聖書にこの言葉（聖絶の命令）がなかったら良かったのに」って講壇から言ってしまう先輩は、率直で素敵だなと思います。でもこの難しい箇所から逃げず、読み飛ばさず、むしろそこからこそ恋い慕う神さまの姿を語ってくださる。聖書を本当に読むということは、都合の悪い聖句から目をそむけることではない、むしろそこを突破した先に真に迫る神さまのお姿が立ち現れてくる。先輩が聖書から感じ取っておられる神さまの「体温」が伝わってきます。

ちなみに他の本では神さまの「体臭」とすらおっしゃってますね……。でも人として来てくださったイエスさまが無臭なわけはない。大工の子が汗臭くないわけがない。そう思うと、神さまの「体温」や「体臭」っていう表現は実はものすごく的を得ているのかもしれません。むしろ、私たちが感じ取らなければならないものなのかもしれません。

それにしてもかれこれ三年以上、創世記からここまでの旅をご一緒してきて、何だか「恋い慕う神さま」という表現に私の体と心が馴染んできたようです。「うんうん、神さまってそういうお方だよね」と相槌を打ちながら読んでいる自分がいます。

## しあわせになるための訓練

先輩のメッセージを聞きながら、昔聞いた例話を思い出していました。昔の質屋さんは小僧さんたちを訓練するために、小判でも贅沢品でもいつも「本物」に触れさせていたそうです。いずれは店先に立って鑑定を担うことになる子どもに本物を触れさせておくことで、自然と真偽がわかるようになるからだ、と確かそういう話だったと思います。

私自身は子どもの頃、ずっと聖書を「読まされて」きました。そこに救いがあるとか、神の愛がわかるとか、そんな高尚なことを考えてたわけではありません。先輩が言われるように「本気で」読んでいたわけでは決してない。嫌々、しぶしぶ……。だから今思えばへんてこりんな読み方をしていました。愛の神さまどころか、怖い厳しい神さまの像を聖書から勝手に結んでしまったり。正直、もう少し手ほどきがほしかったなぁと思います。でも、そんな風であったとしても、私が触れていた聖書のことば、それ自体は本物でした。私が知らぬうちに結んでいた怖い神さまの像を修正してくれたのも聖書でした。今も修正し続けてくれています。先輩のように「神さまの体温を感じる」なんて言えませんが、でも私もみことばの中にそれなりに人格を感じ取ってきたのだと思います。死んだ言葉ではありえないことです。

人生が苦しくて、聖書を開くだけで怒りがこみ上げてくる時期もありました。だから一年ぐらい開きませんでした。そんな自分が今またこうして、先輩のガイドのもとに聖書を読む旅に出させていただいている……。みことばはそんな私の変化をじっと、あたたかく見守ってくれているのでしょうね。

## 何度でも、何度でも、何度でも愛

「うなじのこわい」の部分を聞きながら、夫婦でドライブするときのことを思いました。大抵ハンドルを握るのは私ですが、助手席で相方が「ねぇ見て！　夕焼け綺麗！」とか声をかけてきてもそっちを向くことはできません、脇見運転になっちゃうので。自分が運転席にいるとどうしてもうなじをかたくせざるを得ません。でも、たまに運転してもらったりすると脇見し放題で嬉しくなります。

「全部神さまにハンドルをお任せすればいい、あとは上手くいく」とか「私はただ助手席に座ってるだけ」とか、先輩が語ってくださったとおりクリスチャン人生ってそんな単純なものではないですよね。誤解されやすいですが、私たちにも役割がある。自分の責任で進路を決断しなきゃ行けないときがある。でも大事なのはどちらがハンドルを握っているかじゃない。誰と一緒に旅をしているか。時には交代したり、時には休んだりしながらともに旅をする。私がハンドルを握っているように見えるときもあるけど、ひとりではない。世界にさえ収まりきらない神さまが、私のちっちゃな軽自動車でともに旅してくださる。うなじがかたくなるときに「そろそろ一服しようよ」と声かけてくださる。

看板の話も心に残りました。そして心の中で「何度でも、何度でも」がリピートしています。これまでも「何度でも」赦し、支え、助けられてきた。そしてこれからも、これまで以上に「何度でも」赦し、支え、助けられなければならない。「あぁ、またお世話になっちまった」なんてうなじをかたくしてつぶやかず、心から喜んで赦され、支えられ、助けられよう。

## 空の星のように

「かつて」理解した何かを握りしめる信念と「今」の応答に生きる信仰のくだり。さらりと語られていますが本当に鋭く本質を突いていると思います。私自身、キリスト者家庭に育ちましたが、挫折によって自分のそれまでの信仰が信念に過ぎなかったと示された時は愕然としました。自分自身が依って立っていた土台が崩れ、突き落とされるような気分でした。今振り返れば、過去の成功体験や他者の模範解答にしがみつきうなじを固くしていた私への、主のお取り扱いだったと思います。

最近、仕事をしながら、過去のやり方や模範解答を踏襲して安心したい誘惑との戦いを経験します。変わりゆく時代に神さまと歩む、神さまの思いを実現する、常に「今」のはずなのに、安逸で決まり切った方法へ逃げ込みたくなる。そこにいれば安心です、自分は成すべきことをやったと思うことができます、ただし袋小路でどこへも進むことができない。常に主とともに「今」を生きることができるように祈る日々です。

礼拝は新しい知識を仕入れる場ではない、それは出来事だ、と語ってくださいましたが、私にとっては大切な気付きでした。やっぱり「毎回同じだ、これ意味あるのだろうか」と思っちゃうんですよね。でも、そこには出来事がある。どんな出来事かは、行ってみないとわからない玉手箱（笑）。でも人間ではなく、神さまが用意してくださっている出来事がある。そう思って毎週の礼拝に向かえたらいいなと思います。

## 心とたましいに刻むことば

分量的にも内容的にもほんとにてんこ盛りでした。しかもよく読めばそこには「愛の神がどうして人間を裁くのか」とか「人生の苦しみを造ったのも神なのか」という神義論的な難しいテーマがあることがわかります。タダンとアビラムの話しかり、ノアの洪水にも触れられます。訓練のくだりでは「神さまがそのような苦労を造り出されたわけではありません。……だけれども神さまは、そういう苦労を通して私たちを訓練される」とさらりと、しかし注意深く語っておられます。本質的で、深い問いを意識して語っておられます。

しかし先輩はそのような疑念に反論したり、説得しようとはされません。先輩のアプローチはあくまで物語ること、そして抱きとめることのように見えます。「どうして愛の神が……」とか「どうして神を信じる私にこんなことが……」というふつふつとした疑念の奥にある痛みや怒りの感情を受け止めようとされているようです。「みなさんがそう感じるのは当然だと思うのです」と。そして丁寧に、丁寧に、何度も語りかけ続けます。

スレていた昔の自分だったら「どうせそんなの作り話だ！」「口先だけの綺麗事言ってんじゃねえ！」と突っぱねただろうと思います。実際、一回の説教で人生が変わるなんて、非現実的な期待かも知れません。先輩は一回一回の説教を、繕いの一針一針のように紡いでおられるのですよね。すぐには届かなくても、理解されなくても、「わかりにくい」と言われようとも……。昔スレて壊れていた私がここにあるのも、神さまがたくさんの人を通して丁寧に、丁寧に紡いでくださったおかげです。

## 神さまの住まわれる場所

聖餐を大事にするあまり、聖餐を遠ざけてしまた歴史があると語られました。それを聞きながら、そして先輩が申命記から語ってくださる礼拝の喜びや楽しみについて思い巡らしながら考えました。「礼拝は厳かじゃなきゃ。厳かじゃなきゃ礼拝じゃない」と思っているうちに、私たちは礼拝それ自体を遠ざけてしまっているんじゃないかと。

私たち日本人は、礼拝の伝統を固く守ってきたのだと思います。しかしその中で、礼拝の本質を見失う、ということが、どうしてもあったのではないか。そう思います。「静かに座って神妙な顔をして説教を聞くということが礼拝だ、とにもかくにもソレだ」と、あたかも神社の神事や仏教の法要のようになっているような気がします。一度形式主義を脇に置いて、本当に神さまを喜び、楽しみ、また神さまに喜ばれ楽しまれる礼拝とは何かを、みんなで考えることができたらいいな、焚き火でも囲みながら。そこで肉でも焼きながら語り合えば、実はそれだって立派な礼拝なのかも知れません。

冗談はさておき、キリスト者は礼拝を一丁目一番地だと固く信じ、掲げてきたはずです。だったらなおこと、牧師だけではなくみんなで「今まで恐れ多くて言わなかったけど実はつまらなくてたまらなかった」とか、「やってる牧師の方も実は悩んでいる」とか、建前をうち捨て、本音を打ち明け合って……。やっぱり焚き火で焼き肉でしょうか。申命記によれば礼拝と焼き肉はセットというのですから。

## 生きる神に立ち返る

「手に刻む、というのは痛みを感じること」という言葉が心に浸みます。イエスさまの手のひらに私たちを刻んでくださった。だから何があっても私たちを離そうとはなされない。そこにあるのは義務感や責任ではなく愛、それも痛みを伴う愛。先輩の説教を思い巡らすと、痛みとは糊のようなものかもしれないと思えます。痛みが、私たちを神さまや人々と不思議な方法で結び合わせてくださる。私自身、痛みを抜きにして今の神さまとの関わりはない気がします。その時は自業自得の痛みだと思ってただ自分を責めていましたが、今から振り返ると主の深いお考えの中で許された痛みだったのかもしれません。到底断言はできませんし、してはいけないと思いますが……。

昔の先輩はキリストの十字架を聞いて「そうは言われてもありがた迷惑だ、善意の押しつけだと思った」と語ってくださいました。そのようにご自身の気持ちを正直に表してくださることで、たくさんの人が「うん、そうだそうだ、自分も実はそう感じてたぞ」と心の中でうなずいているんじゃないかと思います。私も「ああ、自分の中にまだそうやって感じてる部分あるなあ」と思いながら聞きました。でも、聖化は神さまの前に正直な心から始まるのだと、先輩を通して語られているように感じます。

「これは不思議なことです。自分から『刻もう』と思ったわけじゃないんです、私たちは。でもいつの間にか神さまが私たちの心にご自身の愛を刻んでくださった。」さらりと、しかし十分に深い霊的形成の一端を垣間見せていただいた気がします。

## 聖なる神の聖なる民

なぜだかとっても心にとまったのが「そうじゃなくって」。先輩が結構よく使われる表現ではありますが、今回は特に多かった気がします。ざっと数えたら8回。30分間の説教ですから5分に一回以上です(笑)。でも、よく考えるととっても温かい表現だなと思います。「そうじゃなくって」と語りかけるためには、まず相手に寄り添い、その思いや考えを知って受け止めなければいけないですよね。私たち聞き手が「聖」や「新しいいのち」、そして「献金」についてもっている印象なり先入観なりをまず受け止める。そうしなければ「そうじゃなくって」とは言うことができません。

しかも、ただ単に「そうではない」と否定では終わらないのですよね。私たちが誤解や先入観にとどまり続けることを望まれない、そこから新しい世界へと踏み出せるようにと背中を押して一歩を促してくださる。そんな神さまの思いが、連呼される「そうじゃなくって」にギュッと凝縮してる気がします。

教会生活なんて、信仰生活なんてどうせ「こんなもの」って思い込んで停滞してしまいやすい私たちに、神さまは「そうじゃなくって!」って連呼してくださっている。その神さまの「そうじゃなくって」に耳を開かれ、目を開かれ、積極的に応答して一歩を出し続ける、そんな生涯を歩みたいと願います。

## 心を閉じてはならない

私自身は今のところ、借金で首が回らないとか、取り立てられているということはありませんが、先輩が「自由だ」「自由なのだ」と語ってくださるのを聞きながら、私もまだまだ奴隷なのかも知れないと思いました。自己責任論の奴隷、「自分さえ良ければ他者に心を閉ざしてよい」という文化の奴隷、そして「うん、うん、こういう聖書の箇所って結局キリストの赦しのことを表してるんだよね、感謝だなあ」って聖書を単純に「精神化」あるいは「心理化」して自分の安寧を保とうとする生ぬるさの奴隷。そこにぬくぬくとくるまって踏み出せない、自由のない自分の姿を見ます。

もう自己保身の奴隷でなくてもいい。自己中心の奴隷でなくてもいい。キリストはそこから私を自由にしてくださった。損する自由をあがなってくださった。もう頭の中だけの信仰でも、精神世界だけの実質のない信仰でもない。地に足の付く実際の生活の現場で、新しい生き方を実践できる者としてくださった。そこでは信徒も牧師も関係なく、みんなが自らを献げて生きることができる。そのスリルと、損の痛みと、そして神と仲間とともに生きる喜びを享受できる。

先輩と、そしてこの説教集に聞く皆様とともに、破れの多いこの世界へ、神とともに生きる冒険へと踏み出していけること。いま、勝手にワクワクしています。

（ライフストーラー企画社主）

## 主は離さない

作詞：Solae　　作曲：久保木 聡

1　くじけそうな時　弱さに溺れる時
ひとりぼっちだからと　諦めてしまうけれど
目の前に　十字架見上げれば　イエスさま
大丈夫だよと　私が共にいるからと
私があなたを愛し　けして離さないのだと
下を見つめてばかりの私でした
主に抱かれて　主の温かさに　力を得る

2　どこへ進めば良いかと　思い悩む時
暗闇しか見えないと　もがいてみるけれど
目の前に　十字架見上げれば　イエスさま
私のまねきに応じよと　いつも共にいるからと
私があなたを愛し　けして離さないのだと
光の方を見ようとしない私でした
主が先に立ち　主がいつも道を　備えてくださる

3　恐れて動けないと　心くじける時
恐怖に身を包まれ　うずくまっていたけれど
目の前に　十字架見上げれば　イエスさま
私がいるのだよと　教えてくださる
私があなたを愛し　けして離さないのだと
闇に支配されていた私でした
主は自由を　主は愛の力で　解放してくださる

4　父なる主に感謝し　光の中に歩む時
主が共におられることを　知ることが出来ました
目の前に　十字架見上げれば　イエスさま
私について来なさいと　手を差しのべてくださる
私があなたを愛し　けして離さないのだと
待ち続け、願い続ける　主に感謝
主は喜びと　恵みと祝福を　与え続けてくださる

Bless（ブレス）奥野信二と川路栄一によるデュオ。「全地よ神にむかって喜び呼ばわれ、そのみ名の栄光を歌え、栄あるさんびをささげよ。」この御言葉が与えられ、2004年7月誕生。趣味であった音楽が教会賛美へと。オリジナルの曲を含め礼拝中のワーシップタイムで賛美をささげている。

# 主は離さない

作詞：Solae　　　　作曲：久保木 聡

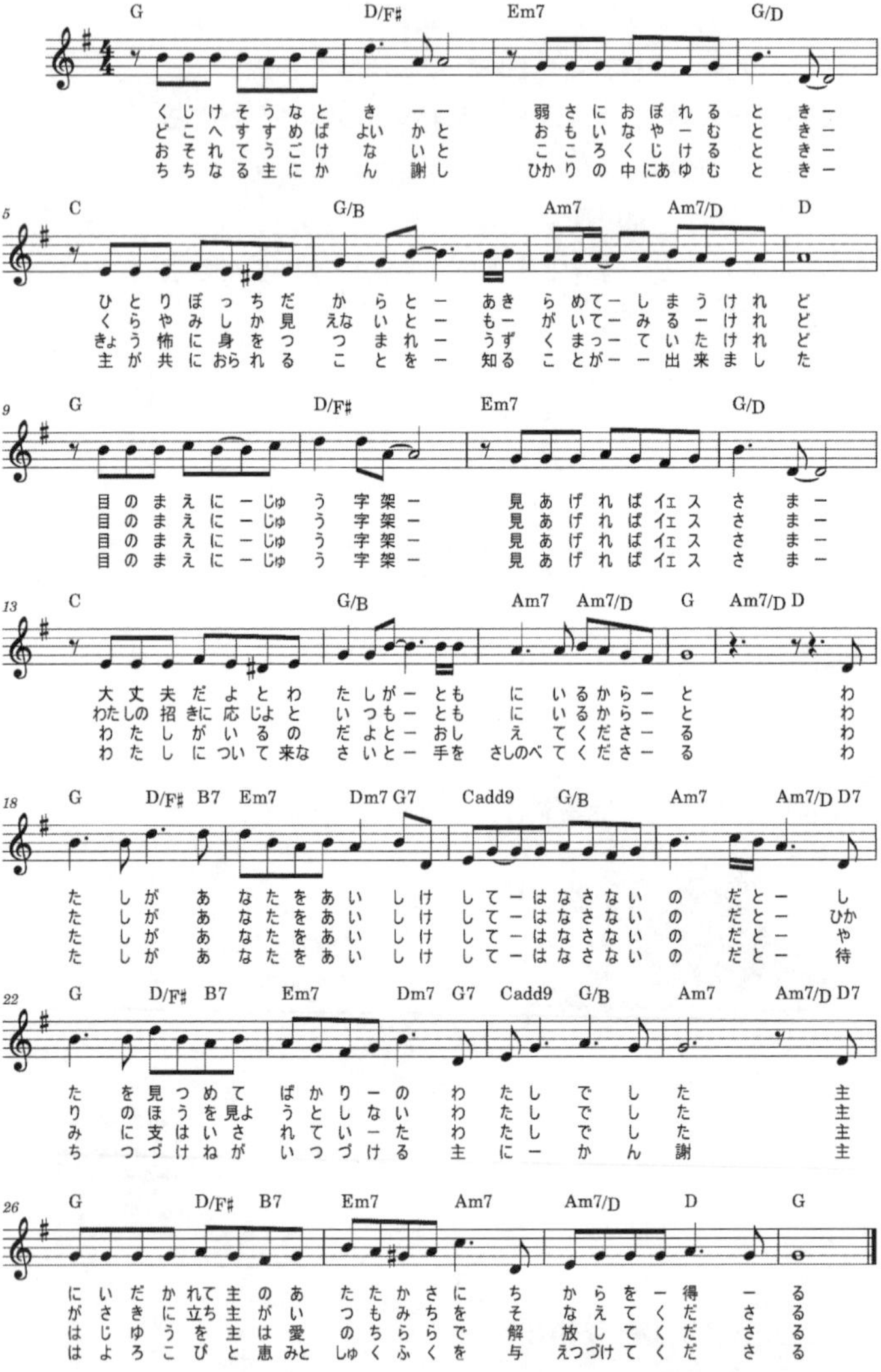

## 神さまの宝もの

作詞：大頭眞一　　作曲：奥野信二

1　旅を重ねた　イスラエル
いまヨルダンを　渡るとき
再び語る　申命記
決してわすれる　ことあらじ

心とたましいに刻むことば
それは愛のことば　神の愛のことば

2　モーセは語る　ほほえんで
神と共なる　思い出を
シェマイスラエル　心ひらき
子たちよいつも　想い出せ

心とたましいに刻むことば
それは愛のことば　神の愛のことば

3　数えきれない　空の星
数えきれない　イスラエル
それよりさらに　まさるのは
数えきれない　主の恵み

心とたましいに刻むことば
それは愛のことば　神の愛のことば

# 神さまの宝もの

作詞：大頭眞一　　作曲：奥野信二

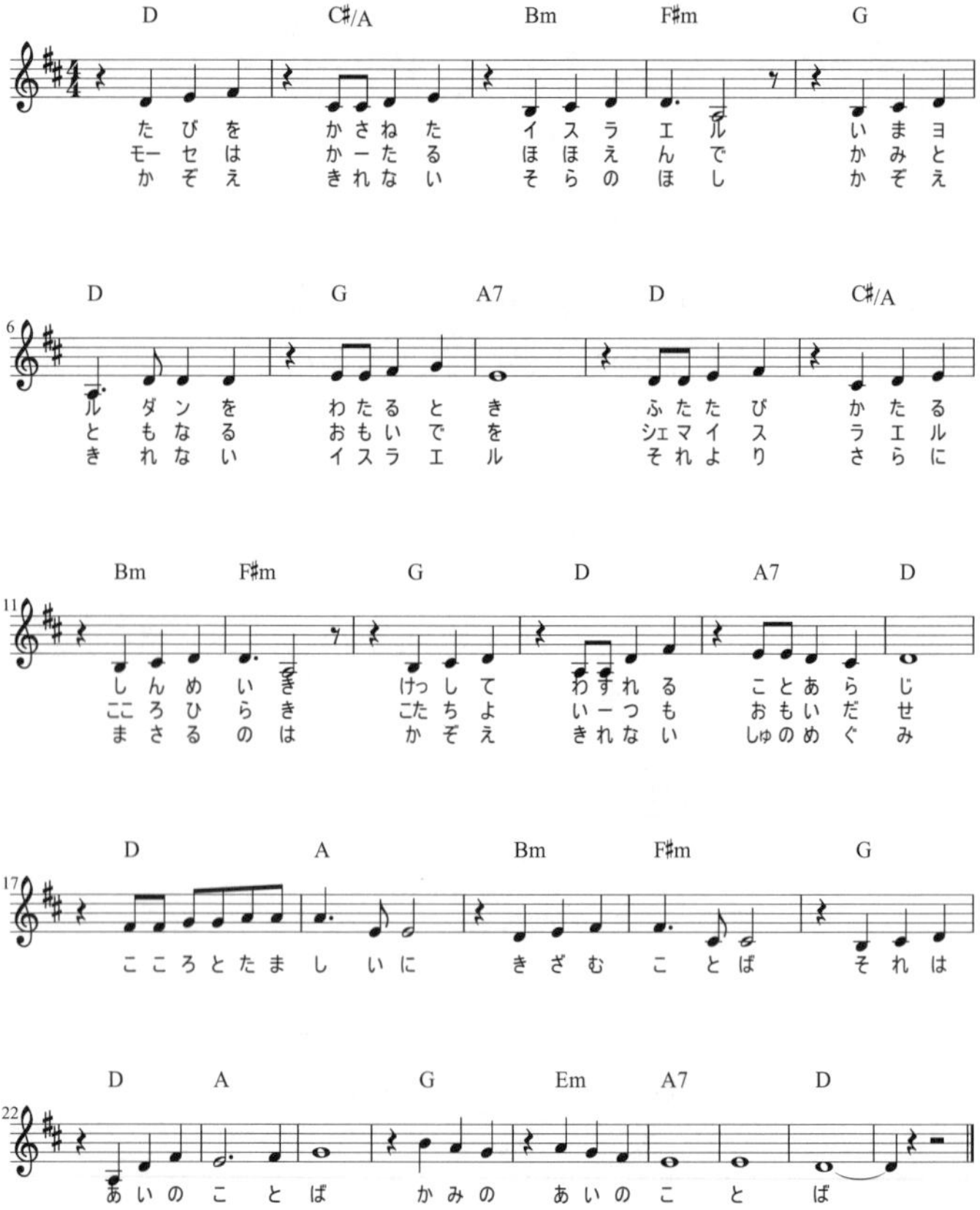

【チームK　校正担当】

有松正治（ありまつ・せいじ）
北九州市出身。1948年生まれ。大阪府枚方市在住。妻の所属する京都府八幡市の明野キリスト教会に日曜日ごと妻の送り迎えをしていたが、退職後61歳のとき、同教会にて大頭眞一牧師より受洗。以来10年余り、現在まで同教会の教会員。母、妻と三人暮らし。一男一女、孫が二人。趣味は俳句。

前田 実（まえだ Morrow みのる）**【写真も担当】**
最初の誕生日：1953年7月、三重県鳥羽市にて母の第三子出産記念日。二番目の誕生日：1993年12月、日本福音ルーテル知多教会にて明比輝代彦牧師より受洗。三番目：2016年9月、心室細動にて心停止後蘇生。1999年パソコン通信の仲間たちと超教派賛美CD『UNITY』をヨベル社から発行。2014年日本イエス・キリスト教団知多教会に転会。

## 協力者の方々のプロフィール

**解説と校正**：山田風音＆みぎわ（やまだ・かずね&みぎわ）
愛知県生まれ、新潟市在住。九州大学芸術工学部卒業後、豪州短期宣教師を経て保育士・幼稚園教諭として働く。2018年、インタビュー自分史の執筆や出版を手掛ける「ライフストーラー企画」を立ち上げる。名古屋市のクリスチャンシェアハウス「グレイスハウス」元ディレクター（チャプレン）。会衆を困惑させる奏楽者でもある。
みぎわ：新潟出身の父と秋田出身の母を持つ米どころハーフ。新潟聖書学院聖書課修了。保育士・幼稚園教諭。星野源の大ファンだったが、現在新しい「推し」探し中。

### 説教集協力者
### 【チーム０　文字起こし担当】

阿部俊紀（あべ・としき）
1966年仙台市生まれ。明治学院大学在学中に、横浜市にある戸塚めぐみキリスト教会で信仰を持ち、鈴木 真牧師に師事する。現在は仙台新生キリスト教会に通う。

Solae（ソラ）
北海道函館市出身。大頭先生がお語りになられる、一言一句を丁寧にお聴きし、文字に打つ作業をする中で、神さまの愛を感じ、最高の恵みを受けられます。チームに加えていただき、感謝です！

立川 生（たちかわ・いくる）
1985年兵庫県神戸市生まれ。クリスチャンホームで育ち就職を機に東京、福岡へ転勤。現在日本バプテスト連盟博多キリスト教会在籍。

匿名１名。

# 『神さまの宝もの』あとがき

モーセ五書説教集の第7巻をお届けします。申命記5章から15章を語るこの巻の校正中に、思いがけない悲しい知らせがありました。これまで校正者のひとりとして加わってくださってきた明野キリスト教会の宮澤一幸兄が槍ヶ岳北鎌尾根で登山中の事故で召されたのです。親しい者たちは言葉をなくし、その状態は今も続いています。人はほんとうに死ぬのだ、とあらためて思い知らされています。奇妙なことですが、そういうときに、自分の説教で語った言葉が胸に響いてきます。「人は生きたように死に?、死んだように復活する。つまり、神の胸の中で生きた人は神の胸の中に倒れて死に、そして神の胸の中で死んだ人は、神の胸の中で復活する」のです。残された私たち、とりわけご家族の上に、復活の日まで、神の守りと励ましが豊かにあるようにと祈ります。この書は一幸兄にささげます。

「神さまの宝もの」は、申命記14章から。「あなたは、あなたの神、主の聖なる民だからである。主は地の面のあらゆる民の中からあなたを選んで、ご自分の宝の民とされた」とあります（2節）。私たちは神さまの宝もの。神さまのたいせつな、たいせつな宝ものです。私たちのアイデンティティは「神さまの宝もの」です。そんなふうに自分と仲間をたいせつにしたいと願います。一幸兄もそのように生き、そのように眠りについた神さまの宝ものです。今も。

今回も多くの方がたのご労により文字起こしと校正が行われました。解説の山田風音さん、装丁の長尾優さん、そしてヨベルの安田社長ご夫妻にも、いつものようにお世話になりました。これも、いつものように横浜指路教会の藤掛順一牧師の説教を参考にさせていただきました。友人であり、焚き火塾の仲間である、ソラさんが詩を書いてくださいました。巻末に、親友久保木聡牧師、作曲の楽譜とともに、収録させていただきます。すっかり恒例になった本巻のテーマソング、今回は京都信愛教会の奥野信二兄が、作曲してくださいました。川路栄一兄とともに動画にもしてくださり、これも巻末に入れてあります。

水垣渉先生からも前巻「えらべ、いのちを」にお手紙をいただいています。はじめと終わりの部分を引用させていただきます。

OT（大頭註：Old Testament 旧約聖書）の説教が続けられていること。これが何よりも感謝すべきことです。……「えらべ、いのちを」は素晴らしい題です。私の見解では「えらべ」が神様の命令であるから素晴らしいのです。とにかく説教を続けてください……

神さまの命令であるから素晴らしい！　えらべ、いのちを！　いのちを選んで生きよ！　死ぬまで生きて、神さまの胸に倒れ込め。そのようにいのちと愛を注ぎましょう。神さまの素晴らしい命令によって。

大頭眞一

2022年　降誕祭

## 説教おぼえがき

ぼくが説教するときに思い描くイメージをちょっと紹介しましょう。

正教会の三位一体のイメージには目を見張らされます。これは最も有名なイコンのひとつ。アンドレイ・ルブリョフによるイコン『至聖三者』（1422年～1427年。トレチャコフ美術館所蔵）　https://ja.wikipedia.org/wiki/至聖三者

また愛の交わりのうちに踊る愛の三位一体のイメージも用いられます。これはメソジストなどあちこちで用いられているものです。

**The Dance of Trinity** | St Benedict's Episcopal Church (stbenslososos.org)

**大頭 眞一**（おおず・しんいち）

1960 年神戸市生まれ。北海道大学経済学部卒業後、三菱重工に勤務。英国マンチェスターのナザレン・セオロジカル・カレッジ（BA、MA）と関西聖書神学校で学ぶ。日本イエス・キリスト教団香登教会伝道師・副牧師を経て、現在、京都府・京都信愛教会 / 明野キリスト教会牧師、関西聖書神学校講師。

**主な著書**：『聖書は物語る』（2013、2020[7]）、『聖書はさらに物語る』（2015、2019[4]）、共著：『焚き火を囲んで聴く神の物語・対話篇』（2017）、『アブラハムと神さまと星空と　創世記・上』（2019、2020[2]）、『天からのはしご　創世記・下』（2020、2022[2]）、『栄光への脱出　出エジプト記』（2021）、『聖なる神聖なる民　レビ記』（2021）、『何度でも 何度で 何度でも 愛　民数記』、『えらべ、いのちを　申命記・上』（2022 以上ヨベル）、『焚き火を囲んで聴く神の物語・聖書信仰篇』（2021 年、ライフストーラー企画）

**主な訳書**：マイケル・ロダール『神の物語』（日本聖化協力会出版委員会、2011、2012[2]）、マイケル・ロダール『神の物語　上・下』（ヨベル新書、2017）、英国ナザレン神学校著『聖化の再発見 上・下』（共訳、いのちのことば社、2022）

ヨベル新書 085

**神さまの宝もの　申命記・中**

焚き火を囲んで聴く神の物語・説教篇（7）

---

2023 年 3 月 5 日 初版発行

**著　者** ── 大頭眞一

**発行者** ── 安田正人

**発行所** ── 株式会社ヨベル　YOBEL, Inc.

〒 113-0033 東京都文京区本郷 4-1-1-5F

TEL03-3818-4851　FAX03-3818-4858

e-mail：info@yobel. co. jp

---

**印刷** ── 中央精版印刷株式会社

**装幀** ── ロゴスデザイン：長尾 優

**配給元**─日本キリスト教書販売株式会社（日キ販）

〒 162 - 0814　東京都新宿区新小川町 9 -1　Tel 03-3260-5670

　ISBN978-4-909871-82-4 C0216

---

【本のひろば２０２２年10月号再録】

# ことばが躍動する説教集

大頭眞一著「焚き火を囲んで聴く神の物語・説教篇6」
えらべ、いのちを――申命記・上

評者：朝岡　勝

新書判・224頁
定価1,210円
（税込）

「焚き火を囲んで聞く神の物語・説教篇」と題するモーセ五書説教シリーズもいよいよ最後の申命記。上中下の三部作になる予定とのことで、まずは上巻が上梓されました。

大頭牧師の説教を読んでの第一印象は「ことばが躍動している！」です。この躍動感を生み出しているものは何だろうかと頁をめくりながら幾度となく思い巡らしました。そこで行き着いた自分なりの見立ては、説教者の聖書テキストについての明快な把握と咀嚼、そして律法と福音についての的確な理解にあるということです。これらが背後にあるからこそ説教者は生き生きと自由に語り、語られることばが躍動し、そのことばが教会を生かし、聴き手を生かしているであろうことが紙面から伝わってくるのです。

評者はかねてより日本の教会の抱える根深い課題に「グノーシス」と「律法主義」があると感じてきました。二元論化した生き方の中で信仰の使い分けが生じ、律法主義によって福音に生きる自由と喜びが失われているのでないかと。しかし本書を読んで、これを克服する一筋の光を見た思いがします。そしてその第一歩は原点に返って旧約聖書をよく読むことにあるのではないかと。その点で大頭牧師の律法理解は明快です。「神さまと共に歩く歩き方、これが律法ですね」（10頁）、「私たちを愛してやまない神さまが『わたしと一緒に歩こう、そのためにはこういうふうに歩いたら互いの喜びが増し加わるよ』と教えてくださっているものなんです。神さまと共に歩く歩き方、それが律法の教えるところです」（158頁）。そして神と共に歩むためには「神さまのみ言葉にとどまれ、と私は伝えたいのです。……神さまを置き去りにしないで、神さまのおられるところにとどまってください。神さまの愛のあるところにとどまってください。神さまが何かを命じられる時、それは必ず愛から出ていま す。必ず、必ず、愛から出ているのです」（14頁）。平易な表現でありながら律法の本質を語ることば、そして福音の本質を語ることばがここにはあります。

11編の説教は申命記4章15節から5章20節までの「十誡」の説き明かしで、創造の神、アブラハムの神、イスラエルの神である主の、ご自身の民に対する愛と熱情が全編から迸《ほとばし》っています。十誡の第一誡の心は神の民が「神さまの胸の中」(54頁)、「神の愛のまなざしの中で」(72頁)生きること。第二誡は「神さまはわかりにくい」(81頁)ことを認めて見えない神の御子を信じること(82頁)。第三誡は「イエス・キリストの父なる神さま、父なる神さまと呼んだらいい」ということ(98頁)。第四誡は「自分の心がどこにあるかを確認する」こと(108頁)、第五、第六、第七誡は「神さまの胸の中で」親子、隣人、夫婦がともに生きること(131、138、166頁)、第八誡は「神さまが、人を盗む生き方から私たちを癒して自由にする」こと(184頁)。そして第九、第十誡は主イエスが語ってくださった「隣人との愛の関係を建て上げる美しい言葉」に生きること(191頁)と結ばれます。ちなみに偶像礼拝禁止が「第二誡」(74頁)、御名の濫用禁止も「第二誡」(91頁)、安息日規定が「第三誡」(106頁)となっていました。十誡の数え方が示されると読者の助けになるかもしれません。いずれにしても、見事な語り口に魅了される素晴らしい説教に感謝し、コンパクトながら本格的で豊富な内容を惜しみなく提供してくださる「ヨベル新書」の企画にも感謝いたします。中、下巻を心待ちにしつつ。

(あさおか・まさる　東京キリスト教学園理事長・学園長)

YOBEL